젊은 세대에 닿는 예수님 이야기

전도는
대화다

젊은 세대에 닿는 예수님 이야기
전도는 대화다

정소리 지음

초판 1쇄 인쇄	2024년 2월 22일
초판 1쇄 발행	2024년 2월 28일
발행처	도서출판 이레서원
발행인	문영이
출판신고	2005년 9월 13일 제2015-000099호
기획·마케팅	신창윤
편집	송혜숙
총무	곽현자

경기도 고양시 일산동구 백석로71번길 46, 1층 1호
Tel. 02)402-3238, 406-3273 / Fax. 02)401-3387
E-mail: Jireh@changjisa.com Facebook: facebook.com/jirehpub

책값은 표지에 있습니다.

ISBN 978-89-7435-647-7 03230

신저작권법에 의하여 한국 내에서 보호받는 저작물이므로 저작권자의 서면 허락 없이 이 책의 어떠한 부분이라도 전자적인 혹은 기계적인 형태나 방법을 포함해서 그 어떤 형태로든 무단 전재하거나 무단 복제하는 것을 금합니다.

젊은 세대에 닿는 예수님 이야기

전도는 대화다

정소리 지음

이레서원

차례

서론 • 006

1_ 전도는 대화다 • 012

다가가기 • 020

경청하기 • 028

공감대 형성하기 • 033

선포하기 • 040

기다리기 • 048

성령 충만하기 • 055

2_ 젊은 세대의 오해 • 064

젊은 세대의 오해 1: 예수가 유일한 길이라고? • 077

젊은 세대의 오해 2: 기독교의 기준은 작위적이다 • 086

젊은 세대의 오해 3: 확신이 없어요 • 095

젊은 세대의 오해 4: 기독교는 비과학적이고 비합리적이다 • 103

젊은 세대의 오해 5: 신은 이 세상에 관심이 없다 • 113

3_ 기성세대의 오해 • 124

기성세대의 오해 1: 다음 세대는 영적인 것에 관심이 없다 • 128

기성세대의 오해 2: 다 널 위해서 하는 말이야 • 140

기성세대의 오해 3: 온라인 전도가 미래다 • 148

기성세대의 오해 4: 교회만 오게 하면 된다 • 157

기성세대의 오해 5: 삶으로 나타내면 된다 • 168

4_ 대화는 전도다 • 178

서론

현재 MZ세대(1981~1995년 출생자들을 지칭하는 밀레니얼 세대와 1996~2006년 출생자 Z세대를 아우르는 말)는 N포 세대라는 또 다른 이름으로 불리고 있습니다. 연애, 결혼, 출산을 포기한 삼포 세대에서 취업, 집을 구매하는 것, 그리고 점차 포기하는 것들을 하나하나 늘려가는 세대라는 뜻입니다. 안타까운 것은 삶에서 누릴 수 있는 것들을 포기하는 것을 넘어서 이제는 삶 자체도 포기하는 청년들이 늘어나고 있다는 것입니다.[1] 관계에서도 고립되고, 희망과 소망보다는 원망과 분노가 더 익숙합니다. 이것은 한국에서만 일어나는 문제가 아닙니다. 전 세계적으로 우울증과 불안장애를 호소하는 청년들

---

1 https://www.yna.co.kr/view/AKR20220411106900005

이 늘어나고 있습니다.[2] 이런 일이 일어나는 이유에 대해 경제학적으로, 사회학적으로, 그리고 심리학적으로 분석하는 많은 관점이 있지만, 예수를 믿는 우리는 이를 영적인 관점에서 바라볼 수 있습니다.

2021년 미국의 한 단체가 실시한 조사에 따르면 각 세대에 예수님을 믿는 기독교인 비율이 점점 줄어드는 추세에 있습니다(베이비붐 세대: 77%, X세대: 72%, 밀레니얼 세대: 67%, Z세대: 59%).[3] 같은 해, 호주에서 실시된 인구조사 결과도 크게 다르지 않았습니다(베이비붐 세대: 56.8%, X세대: 45%, 밀레니얼 세대: 30.6%, Z세대: 39%).[4] 서구 문화권과는 달리 한국의 조사에서는 세대별 기독교인 비율이

---

[2] https://www.pewresearch.org/social-trends/2019/02/20/most-u-s-teens-see-anxiety-and-depression-as-a-major-problem-among-their-peers/

[3] Cox, Daniel A. "Generation Z and the future of faith in America." Survey Center on American Life, March 24, 2022, https://www.americansurveycenter.org/research/generation-z-future-of-faith/#edn8

[4] Z세대 중 성인만 조사한 것이 아니라 1996~2010년생 전체를 통틀었기 때문에, 아직 성인이 아닌 아이들은 부모의 종교를 따라서 답했을 가능성이 큽니다. https://www.abs.gov.au/articles/religious-affiliation-australia

14~23% 사이에서 비슷한 수치를 유지하지만 고령화 사회로 가는 한국의 특성상 젊은 신도가 줄어드는 추세에 있다는 것은 부인할 수 없습니다.[5] 또한 2018년 연구 결과에 따르면 전 세계적으로 젊은 세대가 계속해서 종교성을 잃어가고 있으며, 세대 간 격차의 정도는 한국이 조사에 포함된 106개의 나라 중 캐나다, 덴마크에 이어 3위를 기록했습니다.[6] 가장 뜨거웠던 영적 부흥의 나라가 한두 세대 만에 가장 차가운 나라가 되어가고 있습니다.

물론 다음 세대 중 표면적 기독교인 숫자가 적어지고 있다는 것 자체 때문에 절망할 필요는 없습니다. 예수님께서 "나더러 주여 주여 하는 자마다 다 천국에 들어갈 것이 아니요"(마 7:21)라고 하신 것은 표면적 기독교인의 수가 아무리 많아 보여도 진정으로 구원받는 사람은 적었다는 것을 보여줍니다. 그

---

5 https://www.gallup.co.kr/gallupdb/reportContent.asp?seqNo=1208
6 https://www.pewresearch.org/religion/2018/06/13/the-age-gap-in-religion-around-the-world/

리고 적은 숫자, 삼백의 용사만 있더라도 하나님의 일을 능히 행할 수 있었습니다(삿 7:6). 앞서 살펴본 통계는 현재 소위 'N포 세대'라 불리는 다음 세대가 예수님의 능력 없이 세상이 주는 어려움을 돌파하려 한다는 것을 보여줍니다.

다음 세대가 가지고 있는 수많은 문제를 해결하기 위해서는 무엇이 필요합니까? 제도적이고 문화적인 노력도 필요하겠지만, 결국 예수님이 필요합니다. 예수님을 믿을 때 그 사람은 하나님께서 자기 삶에 허락하신 목적을 깨닫게 되어 표류하지 않고 푯대를 향해 항해하는 인생이 됩니다. 그리고 자신이 죄인임을 깨닫고 그럼에도 불구하고 하나님이 나를 사랑하셨다는 것을 믿을 때, 평생 다른 사람의 인정을 바라왔던 굴레에서 벗어나게 됩니다. 이것은 단순히 형이상학적인 소망의 영역이 아닙니다. 사람의 행복에 대해서 연구한 결과에 따르면 결국 행복이란 관계가 풍성할 때 삶의 만족이 크다고 합니다.[7] 우

---

[7] https://www.health.harvard.edu/blog/the-secret-to-happiness-heres-some-advice-from-the-longest-running-study-on-happiness-2017100512543

리가 하나님을 믿는다는 것은, 하나님이라는 인격과 관계를 맺는다는 것입니다. 그리고 그 하나님이 우리를 조건 없이 사랑하신다는 그 흔들림 없는 관계는, 우리 삶의 굳건한 반석이 되어 줍니다. 그렇기에 다음 세대가 살려면 예수님이 필요합니다.

그렇다면 왜 다음 세대는 예수님을 떠나가고 있을까요? 왜 하나님의 나라라는 숨겨진 보화를 발견하지 못하고 교회를 떠나는 것일까요? 그것은 이 세대에게 맞는 방식으로 예수님이 전달되지 않기 때문입니다. 사도 바울은 복음을 전하기 위해서 유대인에게는 유대인처럼, 율법 없는 자들에게는 율법 없는 자와 같이(고전 9:20-21) 되었다고 말합니다. 이 말을 다른 관점에서 이해하자면 우리는 복음을 전하기 위해서 '기성세대에게는 기성세대처럼, MZ세대에게는 MZ세대처럼' 되어야 한다는 것입니다. MZ세대의 성향은 한 가지로 표현하기에는 너무나도 다양합니다.

그리고 지금 MZ세대가 보여주는 성향이 단순히 혈기 넘치는 젊음에서 나오는 것인지(예를 들어 권위에 대한 반항은 청년 시절의 X세대도 오늘날의 MZ세대 못지 않은 악명이 있었습니다), 아니면 인터넷의 광범위한 보급, 코로나19의 대유행 등 세계사 가운데서 공통으로 겪은 굵직한 사건들 때문인지 꼭 집어 알 수 없습니다.

따라서 이 책의 목적은 청년 세대의 특징을 세세하게 묘사하고 연구하는 것이 아닙니다. 다만 저는 젊은 세대의 일원으로서, 부모님과 대화하는 심정으로 이 책을 씁니다. 젊은 세대를 위한 책이지만 예수님을 믿지 않는 젊은 세대가 읽기를 바라고 쓴 책이 아닙니다. 오히려 젊은 세대에게 복음을 전할 거룩한 책임감을 가진 예수님의 제자들, 특별히 기성세대를 위해서 썼습니다. 지금도 살아 역사하시는 성령님께서 이 책을 읽으시는 모든 분으로 하여금 지극히 선한 것을 분별하게 하실 것(빌 1:10)을 믿습니다.

전도는
대화다

전도라는 단어를 생각했을 때 어떤 이미지가 떠오르나요? '예수 천당 불신 지옥'이라고 적혀 있는 푯말을 들고 지하철역에 서 계시는 분을 생각할 수도 있고, 전도폭발을 열심히 연습해서 길거리에서 만난 사람들에게 복음을 전하는 분을 떠올릴 수도 있을 것 같습니다. 또는 광장에서 플라스틱 우유상자 위에 올라서서 복음을 선포하는 사람이 떠오를 수도 있습니다. 이런 다양한 이미지는 예수님이 오실 길을 예비하며 광야에서 외치는 소리, 세례 요한의 겸손한 순종의 모습과 오버랩 됩니다. 하지만 이런 전도의 모습이 다음 세대에게는 어떻게 보일까요?

MZ세대는 TV를 즐겨 보지 않습니다.[1] 대신 온라인 영상 매체에 댓글을 달거나 라이브 방송을 보며 콘텐츠 크리에이터들과 실시간 소통하는 것을 즐겨합니다. '초연결시대', '메타버스'라는 거창한 키워드를 사용하지 않더라도, 온오프라인에서 자신의 커뮤니티를 만들어 소통하는 형태를 볼 때 MZ세대는 일방적인 정보전달이 아니라 쌍방향의 소통에 큰 가치를 둔다는 것을 알 수 있습니다. 그리고 이것은 복음을 전달할 때에 기억해야 할 부분입니다. 미국에서 실시된 한 설문 조사에 따르면, 믿지 않는 기성세대는 아무도 자신을 모르는 곳에 가서 설교를 듣거나 이벤트에 참여하는 방법으로 복음을 접하기 원했지만(34%) 밀레니얼 세대는 일대일 대화를 가장 선호했다고 합니다(53%).[2]

그러므로 이들을 위해 우리가 취해야 할 전도의 자세는 대화입니다. 이는 그저 시대의 요구에 따라 전도의 전략을 바꿔야 한다는 말이 아닙니다. 대화는 바로 예수님의 전도 방법이었으며, 예수님은 만나는 사람들에게 같은 설교를 반복하지 않으셨습니다. 세리장 삭개오, 죄를 짓고 끌려온 여인, 바리

---

[1] https://www2.deloitte.com/us/en/insights/industry/technology/digital-media-trends-consumption-habits-survey/summary.html

[2] https://www.barna.com/research/millennial-spiritual-curiosity/

새인들에게 각기 다른 방식으로, 상황에 맞는 지혜로 대화하셨습니다.

그리고 당연히 예수님의 제자들의 전도 방법 또한 대화였습니다. 책을 시작하면서 먼저 성경에 나오는, 대화로 하는 전도 방식을 배우고자 합니다.

1 오순절 날이 이미 이르매 그들이 다같이 한 곳에 모였더니 **2** 홀연히 하늘로부터 급하고 강한 바람 같은 소리가 있어 그들이 앉은 온 집에 가득하며 **3** 마치 불의 혀처럼 갈라지는 것들이 그들에게 보여 각 사람 위에 하나씩 임하여 있더니 **4** 그들이 다 성령의 충만함을 받고 성령이 말하게 하심을 따라 다른 언어들로 말하기를 시작하니라 **5** 그 때에 경건한 유대인들이 천하 각국으로부터 와서 예루살렘에 머물러 있더니 **6** 이 소리가 나매 큰 무리가 모여 각각 자기의 방언으로 제자들이 말하는 것을 듣고 소동하여 **7** 다 놀라 신기하게 여겨 이르되 보라 이 말하는 사람들이 다 갈릴리 사람이 아니냐 **8** 우리가 우리 각 사람이 난 곳 방언으로 듣게 되는 것이 어찌 됨이냐 **9** 우리는 바대인과 메대인과 엘람인과 또 메소보다미아, 유대와 갑바도기아, 본도와 아시아, **10** 브루기아와 밤빌리아, 애굽과 및 구레네에 가까운 리비야 여러 지방에 사는 사람들과 로마로부

터 온 나그네 곧 유대인과 유대교에 들어온 사람들과 **11** 그레데인과 아라비아인들이라 우리가 다 우리의 각 언어로 하나님의 큰 일을 말함을 듣는도다 하고 **12** 다 놀라며 당황하여 서로 이르되 이 어찌 된 일이냐 하며 **13** 또 어떤 이들은 조롱하여 이르되 그들이 새 술에 취하였다 하더라 **14** 베드로가 열한 사도와 함께 서서 소리를 높여 이르되 유대인들과 예루살렘에 사는 모든 사람들아 이 일을 너희로 알게 할 것이니 내 말에 귀를 기울이라 **15** 때가 제 삼 시니 너희 생각과 같이 이 사람들이 취한 것이 아니라 **16** 이는 곧 선지자 요엘을 통하여 말씀하신 것이니 일렀으되 **17** 하나님이 말씀하시기를 말세에 내가 내 영을 모든 육체에 부어 주리니 너희의 자녀들은 예언할 것이요 너희의 젊은이들은 환상을 보고 너희의 늙은이들은 꿈을 꾸리라 **18** 그 때에 내가 내 영을 내 남종과 여종들에게 부어 주리니 그들이 예언할 것이요 **19** 또 내가 위로 하늘에서는 기사를 아래로 땅에서는 징조를 베풀리니 곧 피와 불과 연기로다 **20** 주의 크고 영화로운 날이 이르기 전에 해가 변하여 어두워지고 달이 변하여 피가 되리라 **21** 누구든지 주의 이름을 부르는 자는 구원을 받으리라 하였느니라 **22** 이스라엘 사람들아 이 말을 들으라 너희도 아는 바와 같이 하나님께서 나사렛 예수로 큰 권능과 기사와 표적을 너희 가운데서 베푸사 너희 앞에서 그를 증언하셨느니라 **23** 그가 하나님께서 정하신 뜻과 미리 아신 대로 내준 바 되었거늘 너희가 법 없는 자들의 손을 빌려 못 박아 죽였으나 **24** 하나님께서 그를 사망의 고통에서 풀어 살리셨으니 이는 그가 사망에 매여 있을 수 없었음이라 **25** 다윗이 그를 가리켜 이르되 내가 항상 내 앞에 계신 주를 뵈었음이여 나로 요동하지 않게 하기 위하여 그가 내 우편에 계시도다 **26** 그러므로 내 마음이 기뻐하였고 내 혀도 즐거워하였으며 육체도 희망에 거하리니 **27** 이는 내 영혼을 음부에 버리지 아니하시며 주의 거룩한 자로 썩음을 당하지 않게 하실 것임이로다 **28** 주께서 생명의 길을 내게 보이셨으니 주 앞에서 내게 기쁨이 충만하게 하시리로다 하였으므로 **29** 형제들아 내가 조상 다윗에 대하여 담대히 말할 수 있노니 다윗이 죽어 장사되어 그 묘가 오늘까지 우리 중에 있도다 **30** 그는 선지자라 하나님이 이미 맹세하사 그 자손 중에서 한 사람을 그 위에 앉게 하리라 하심을 알고 **31** 미리 본 고로 그리스도의 부활을 말하되 그가 음부에 버림이 되지 않고 그의 육신이 썩음을 당하지 아니하시리라 하더니 **32** 이 예수를 하나님이 살리신지라 우리가 다 이 일에 증인이로다 **33** 하나님이 오른손으로 예수를 높이시매 그가 약속하신 성령을 아버지께 받아서 너희가 보고 듣는 이것을 부어 주셨느니라 **34** 다윗은 하늘에 올라

가지 못하였으나 친히 말하여 이르되 주께서 내 주에게 말씀 하시기를 ³⁵ 내가 네 원수로 네 발등상이 되게 하기까지 너는 내 우편에 앉아 있으라 하셨도다 하였으니 ³⁶ 그런즉 이스라엘 온 집은 확실히 알지니 너희가 십자가에 못 박은 이 예수를 하나님이 주와 그리스도가 되게 하셨느니라 하니라 ³⁷ 그들이 이 말을 듣고 마음에 찔려 베드로와 다른 사도들에게 물어 이르되 형제들아 우리가 어찌할꼬 하거늘 ³⁸ 베드로가 이르되 너희가 회개하여 각각 예수 그리스도의 이름으로 세례를 받고 죄 사함을 받으라 그리하면 성령의 선물을 받으리니 ³⁹ 이 약속은 너희와 너희 자녀와 모든 먼 데 사람 곧 주 우리 하나님이 얼마든지 부르시는 자들에게 하신 것이라 하고 ⁴⁰ 또 여러 말로 확증하며 권하여 이르되 너희가 이 패역한 세대에서 구원을 받으라 하니 ⁴¹ 그 말을 받은 사람들은 세례를 받으매 이 날에 신도의 수가 삼천이나 더하더라 행 2:1-41

다가가기

오순절 날 사도 베드로의 설교에서 배울 수 있는 전도의 첫 번째 단계는 '다가가기'입니다. 성령의 충만함을 받은 예수님의 제자들은 "바대인과 메대인과 엘람인과 또 메소보다미아, 유대와 갑바도기아, 본도와 아시아 브루기아와 밤빌리아, 애굽과 및 구레네에 가까운 리비아 여러 지방에 사는 사람들과 로마로부터 온 나그네 곧 유대인과 유대교에 들어온 사람들과 그레데인과 아라비아인들"(행 2:9-11)에게 담대하게 하나님의 큰 일을 말하기 시작했습니다. 그들은 아직 복음을 알지 못하는 자들에게 인종적, 문화적 담을 넘어 스스럼없이 다가갔습니다. 비로소 세상에서 빛과 소금의 역할을 하게 된 것입니다.

전도자 레베카 피펏은 이렇게 말합니다. "우리는 소금통에서 나와 인간의 삶 속으로 뛰어들어야 한다. 사람들에게 짓밟히기 위해서가 아니라 예수님을 우리 주인과 구세주로 열심히 증거하고, 예수님만이 죽어 가는 세상에 생명과 의미를 주심을 알리는 증인이 되기 위해서 말이다."[3] 소금이 소금통 안에만 있다면 아무런 능력을 발휘하지 못합니다. 소금은 음식과 섞일 때 그 짠맛의 묘미를 나타낼 수 있습니다. 이처럼 우리 또한 아직 예수님을 알지 못하는 자들과 섞일 때에만 그 영향력을 행사할 수 있습니다.

모르는 사람에게 다가간다는 것은 우리의 본성에 상응하

---

[3] 레베카 피펏, 『빛으로 소금으로』(*Out of the saltshaker and into the world*), (서울: IVP), 16.

지 않습니다. 얼마나 불편한 일이었는지, 예수님의 삶과 죽음, 부활을 목격한 사도들조차 그저 기도하며 때를 기다릴 뿐이었습니다. 하지만 성령님은 그들의 두려움을 지워 버리셨고 담대히 한 발자국씩 내딛게 하셨습니다. 사도행전 2장에 나오는 이 이야기는 우리에게 큰 소망을 줍니다. 땅끝까지 가서 제자를 삼으라는 지상 명령을 직접 들은 사도들조차도 자기 힘이나 의지로는 할 수 없었던 것이 믿지 않는 자들에게 다가가는 일이었습니다. 오직 성령님의 강권적인 역사하심만이 그것을 가능케 합니다.

대학생일 때 부흥 집회에서 큰 도전을 받은 후, 다음 날 수업을 들으러 기차에 몸을 실었을 때가 기억납니다. 때를 얻든지 못 얻든지 복음을 전하라는 말씀을 붙잡고, 옆에 앉은 승객에게 무작정 말을 걸어 하나님이 얼마나 좋은 분이신지 증언했습니다. 서툴고 부족했지만 성령님의 인도하심을 경험하는 시간이었습니다. 성령님이 이끄실 때 우리는 세상 속으로 용기 있게 나아갈 수 있습니다.

그렇다면 우리는 누구에게 다가가야 할까요? 저는 노방 전도 사역을 수년 동안 하면서 다양한 사람들을 만났습니다. 처음에는 말이 잘 통할 것 같은 사람들에게만 대화를 시도했습니다. 하지만 외모를 보지 않으시는 하나님은 온몸에 문신을 하고 고개를 푹 숙인 채 광장에 앉아 있는 청년이든, 깔끔한 정장 차림의 젊은 신사든 관계없이 제가 그들과 대화하기를 바라신다는 것을 점차 깨달았습니다. 노방전도라는 특수한 상황이든, 아니면 누군가에게 자연스럽게 복음을 전하게 된 상황이든, 우리는 성령의 충만함을 받은 사도들이 그러했던 것처럼 사람을 가리지 말아야 합니다. 예수님께서 하늘 보좌를 버리고 이 땅에 오사 우리 모두에게 차별 없이 다가와 주신 것처럼 우리 또한 그렇게 해야 합니다.

하나님께서 예비하신 모든 사람에게 나아가야 한다는 동기가 부여되었다면 그 방법론도 고민해 보아야 합니다. 사도들이 방언으로 하나님의 말씀을 전하기 시작하자 사람들이 그것을 각각 자신이 태어난 곳의 언어로 들었습니다. 본문의 사건은 물론 특수한 이적이지만 여기에서 우리는 대화를 시작하는 방법에 대해서 큰 교훈을 얻을 수 있습니다. 바로 상대방이 이해할 수 있는 방식으로 해야 한다는 것입니다. 바울은 이렇게 고백합니다.

[20] 유대인들에게 내가 유대인과 같이 된 것은 유대인들을 얻고자 함이요 율법 아래에 있는 자들에게는 내가 율법 아래에 있지 아니하나 율법 아래 있는 자같이 된 것은 율법 아래에 있는

자들을 얻고자 함이요 ²¹ 율법 없는 자에게는 내가 하나님께는 율법 없는 자가 아니요 도리어 그리스도의 율법 아래에 있는 자이나 율법 없는 자와 같이 된 것은 율법 없는 자들을 얻고자 함이라 고전 9:20-21

기성세대에게는 기성세대의 언어로, 다음 세대에게는 다음 세대의 언어로 다가가야 합니다. 그리고 이런 시도는 관심 어린 관찰에서 시작됩니다. 한번은 콘퍼런스에 참석하려고 비행기를 탔는데 제 양옆으로 젊은 남자 두 명이 앉았습니다. 두 사람은 약속이라도 한 것처럼 베이지색 면바지와 하늘색 셔츠를 입고 있었습니다. 제가 그들한테 속삭였습니다. "왜 드레스 코드가 있다고 나한텐 미리 이야기 안 해 줬어?" 우리는 한바탕 웃고 난 후에 통성명하고 비행 시간 내내 즐겁게 대화를 나누었습니다. 그리고 저는 그들에게 복음을 전했습니다. 단순히 외적 모습을 관찰하여 대화를 풀어간 것으로 예시를 들었지만 이처럼 평소에도 복음을 전할 기회를 찾으며 기도하는 마음으로 상대방에게 관심을 기울이면 어떻게 다가갈 수 있을지 지혜를 얻을 수 있습니다.

가족이나 친구와의 대화에도 이를 적용할 수 있습니다. 평소 다양한 주제로 편한 대화를 나누던 사람들에게 전도하려고 대화를 시도하는 것은 어색하고 불편하게 느껴질 때가 많습니다. 하지만 앞서 말했듯이 성령 하나님의 인도하심을 구하며 하나님께서 주신 사랑으로 그들의 삶에 깊은 관심을 가지면, 그들의 언어로 다가갈 기회를 포착할 수 있습니다. 이것은 영화나 음악의 취향 같은 사소한 것이 될 수도 있고, 아픔이나 기쁨 같은 삶의 다양한 상황일 수도 있습니다. 중요한 것은 그 기회를 놓치지 말고 그들의 현재 관심사나 상황에 복음을 연결 지어 대화를 시작하는 것입니다.

예를 들어 영화를 좋아하는 친구를 만났다면, 영화에서 드러나는 영적 화두로 토론을 시작할 수 있습니다. '토이 스토리 4'는 인간들이 보지 않을 때 장난감들이 살아 움직인다는 설정의 영화인데, 여기에 포키라는 장난감이 등장합니다. 버려진 일회용 플라스틱 스포크(spork)로 만든 포키는 보니라는 여자아이가 가장 사랑하는 장난감이지만, 보니가 없을 때는 자신을 쓰레기라 부르며 쓰레기통으로 돌진합니다. 이러한 모습을 보며 '우리의 정체성과 가치는 타인과의 관계로 인해 결정될까?'라는 흥미로운 질문을 던지며 대화를 나눌 수 있습니다.

또한 사회적 현상이나 경험도 유용한 대화 주제입니다. 예를 들어 코로나19의 대유행 시절에 이동의 제한으로 인해 경험했던 관계를 향한 목마름이 있을 수 있습니다. 또한 가짜뉴스로 인해 사회적 문제가 대두되었을 때 탈진리의 시대를 살아가는 모두가 경험한 객관적 진리의 중요성 등 시사에 관한 다양한 이야기를 대화의 시작점으로 삼을 수 있습니다.

물론 상대방의 관심사나 삶의 상황에 복음을 어떻게 연결 지어 대화를 나눌지 막연하게 느껴질 수도 있습니다. 이런 것은 삶의 모든 부분에 복음을 적용시키는 연습을 반복적으로 할 때 가능해집니다. 예수님의 제자로서, 영화를 보거나, 책을 읽거나, 뉴스를 접하거나, 또는 삶의 어떤 상황에 부딪힐 때 우리는 이를 복음의 렌즈로 바라봐야 합니다. 영화를 보고 그저 흥미롭다는 감상평으로 그치는 것이 아니라, 줄거리나 연출이 어떻게 많은 사람에게 울림을 주었는지 성경적 세계관에 빗대어 해석하고, 그것을 논리적으로 설명하는 훈련을 해야 합니다. 또한 이 세상에서 일어나는 사회적 이슈를 바라볼 때 단순한 비판에서 그치지 말고, 그것이 이 세대에 미치는 영향을 영적으로 바라보고 분석할 수 있어야 합니다. 그래야만 하나님께서 대화의 기회를 주실 때 그 기회를 놓치지 않고 복음적 대화를 시작할 수 있습니다.

또한 우리가 그들에게 다가가기 전에, 하나님께서 우리의 삶 속에 나타나셨던 그 능력으로 우리에게 먼저 다가오셨음을 기억해야 합니다. 성령 충만한 제자들이 방언으로 말하기 시작했을 때 사람들은 "이 어찌 된 일이냐"고 하며 소동합니다(행 2:12). 그리고 이 소동은 베드로가 한 설교의 시발점이 됩니다.

물론, 우리가 살아가는 현시대에는 본문에 나오는 것과 같은 이적을 일상적으로 경험하거나 목격하기는 어렵습니다. 하지만 하나님 복음의 실제적인 능력이 우리 삶에서 나타날 때 우리를 바라보는 세상 사람들은 궁금증을 품습니다. 최근 직장에서 제 또래 동료가 저에게 물었습니다. "너 혹시 명상하니?" 왜 그런 질문을 하냐고 묻자 이렇게 말했습니다. "너는 일할 때 별로 스트레스도 안 받는 것 같고 항상 기분이 좋아 보여." 그래서 저는 대답했습니다. "아, 나는 명상은 하지 않지만 기도는 해." 다른 동료들이 그 자리에 있어서 계속해서 복음을 전하지는 못했지만 다음을 기대하게 하는 대화가 시작되었습니다.

복음의 증인으로서 그 능력이 우리 삶에 발현될 때 주변 사람들은 그것을 느낍니다. 이는 예수를 믿는 사람들은 항상 물질적으로 풍요롭고 육신적으로 건강하며 삶의 모든 일이 잘 풀려야 함을 뜻하는 것이 아닙니다. 사도 베드로는 말합니다.

> 너희 마음에 그리스도를 주로 삼아 거룩하게 하고 너희 속에 있는 소망에 관한 이유를 묻는 자에게는 대답할 것을 항상 준비하되 온유와 두려움으로 하고 벧전 3:15

우리 속에 있는 하늘 소망은 자연스럽게 삶에 나타나 주변 사람들이 그 이유를 묻게 만듭니다. 그리고 그 질문은 복음 전도의 첫걸음이 됩니다.

경청하기

하나님의 인도하심으로 내가 다가가거나, 상대방이 먼저 나에게 다가오더라도 우리는 상대방의 말을 경청해야 합니다. 예수님의 약속대로 성령님이 오셨을 때, 제자들은 능력을 받고 각기 다른 언어로 하나님의 큰 일을 말했습니다. 이를 절기를 맞이하여 예루살렘에 모인 사람들이 들었습니다(행 2:1-11). 많은 사람이 그 기적을 보고 놀라고 당황하여 어떤 사람들은 제자들이 새 술에 취했다고 조롱했습니다(12-13절). 이때 베드로가 일어나 말합니다. "때가 제 삼 시니 너희 생각과 같이 이 사람들이 취한 것이 아니라"(15절). 말도 안 되는 소리를 한다며 그들을 무시하지 않았습니다. 그들의 말을 경청하고 그에 대해 명확하게 대답했습니다. 당시 유대인들의 시간으로 제 삼 시는 우리 시간으로 아침 9시입니다. 술에 취해 있을 시간이 아니라는 것이지요.

저는 목회자 가정에서 태어났고, 어려서부터 말 잘 듣는 착한 아이처럼 교회를 열심히 다녔지만, 성경에 관한 의문점들이 많았습니다. "하나님은 선하신대 왜 가나안 사람들을 다 죽이라고 명령하셨나요?", "남자는 Y염색체를 아버지로부터 받는다고 하는데, 예수님에게는 Y염색체가 없으셨을까요?" 이런 질문들에 대해 교회학교 선생님은 다음과 같이 대답하셨습니다. "우리 함께 열심히 기도해 보자. 하나님을 만나면 모두 다 이해가 될 거야." 저를 사랑하는 마음으로 그렇게 말씀하셨겠지만, 당시에는 그저 내 말을 진지하게 듣지 않으신다고 생각했던 것 같습니다. 그 질문들에 정확하게 답변할 수 없어 얼버무리고 회피하는 것 같았습니다.

오늘날은 이런 어린 친구들의 순수한 질문을 넘어서는, 교회를 향한 다양한 질문들이 있습니다. 성소수자의 인권, 양성평등, 기후 변화 등 다양한 분야에서 발생한, 교회를 향한 오해와 잘못된 인식, 비판의 목소리입니다. 그리고 그런 사회의 목소리를 더 민감하게 듣고, 영향을 받는 다음 세대는 그 질문을 교회 다니는 부모님께, 혹은 친구들에게 던지며 다가갑니다. 하지만 한두 번 그런 질문들을 해 봤다가 제대로 된 답변은커녕 "기도해 보자"라는 회피성 답변을 들으면 그들의 마음이 떠나게 됩니다.

사도 베드로가 성령으로 충만하여 복음을 선포하기 시작했을 때, 그는 먼저 교회와 관련한 세상의 오해를 풀어 주는 일에 집중했습니다. "새 술에 취했다"고 조롱하는 말에 합리적인 근거를 대며 "취하지 않았다"고 반박합니다. 그들이 조롱 섞인 질문을 한다는 것 자체가 관심의 표현입니다. 아무런 질문을 하지 않는다면, 그만큼 기독교는 사회에서 아무런 영향력을 발휘하지 못한다는 방증일 것입니다. 인정받고자, 그리고 이해하고자 물어보는 질문들인 것입니다. 그래서 그 질문들을 환영하고, 교회 안에서 그런 질문들을 더 할 수 있도록 격려해야 합니다.

물론 괜히 트집을 잡는 분들도 있습니다. 복음에 관심이 있어서 대화에 참여하는 것이 아니라 오로지 닫힌 마음으로 거부할 이유를 찾을 때도 있습니다. 이럴 때마다 "들을 귀 있는 자는 들으라"(막 4:9), "너희 진주를 돼지 앞에 던지지 말라"(마 7:6)라는 말씀들을 기억하며 자신을 위로하는 것이 정신 건강에 이로울 때도 있습니다. 사도 바울도 아덴에서 하나님의 말씀을 전한 후 사람들이 조롱하자 그들 가운데서 떠났습니다(행 17:33). 그럼에도 불구하고 하나님께서는 믿을 자들을 예비해 두셨습니다(행 17:34).

하지만 다음 세대의 많은 사람이 교회에서 받은 상처 때문에 이런 반응을 보인다는 것을 기억해야 합니다. 특히 기독교인 가정에서 태어나고 자란 청년들은 복음의 메시지를 어려서부터 들어왔지만, 성인이 되어 대학에 가고 사회생활을 하면서 다른 세계관을 가진 사람들을 만나면 자신이 사는 삶의 방식에 회의감을 느낄 때가 많습니다. 그리고 그 회의감과 의심을 믿음의 선배들과 쉽사리 나눌 수 없고, 설사 용기를 내어 말을 꺼내도 진지하게 받아들이지 않는 교회의 문화 때문에 안타깝게도 서서히 마음의 문을 닫아버립니다. 그때 교회는 자기와 다른 생각을 하면 무조건 배척하는 맹신적 종교 집단이 되고, 들어줄 수 있는 한 사람만 있다면 진작 해결될 의심의 싹이 굳건한 거짓 신념의 장벽이 되어 버립니다.

이것은 현재 미국을 중심으로 퍼져가는 믿음의 해체 운동과[4] 결을 같이합니다. 기독교 가정에서 태어나고 자란 이들이 교회 안에서 건강한 대화를 통해 의심을 해소하지 못해서 교회를 떠난 후 자신이 가진 신앙 체계를 해체하고 결국은 믿음을 저버리는 현상입니다.

교회는 출석하지만 아직 믿음에 확신이 없는 청년들에게 복음의 내용을 전하는 프로그램을 만든 적이 있었습니다. 그

---

[4] 2023년 9월 현재 인스타그램에서 #deconstruction이라는 해쉬태그를 단 포스트의 개수는 40만 개가 넘습니다.

때 만난 한 자매가 기억납니다. 동역자 한 분과 함께 셋이서 인사를 나누고 이런저런 이야기를 하다가 복음에 대해서 대화를 나누기 시작했습니다. 그러자 그 자매는 기독교 신앙에 관한 의구심을 쉴 새 없이 쏟아냈습니다. 우리는 그녀의 질문을 진지하게 듣고 하나하나 대답해 주었는데, 갑자기 그녀가 울기 시작했습니다. 대화를 잠시 멈추고, 그녀의 마음이 진정되기를 기다린 후에 어떤 생각이 들었는지 물어보았습니다. "'드디어 내가 믿을 수 있겠구나' 하고 안심이 들어서 갑자기 눈물이 나왔어요. 부모님이 '예수님을 믿어야 한다'고 계속 말씀하셨지만, 저는 도저히 믿어지지 않았거든요. 그렇지만 믿음에 대해 아무도 들어주지 않았고 설명해 주지도 않았어요."

강대상, 소그룹 모임, 그리고 가정에서 선포되는 복음의 독백에 상처 받은 영혼들이 많습니다. 잃어버린 어린양 하나를 찾으러 간 목자의 마음으로 우리는 이들을 품어야 합니다. 우리의 주님 되시는 예수님의 모습이 이러했습니다. '세리와 죄인의 친구'라는 별명을 가졌던 예수님(마 11:19)은 그 당시 배척받던 이들의 쉼터가 되어주셨습니다. 유대인들이 상종하지 않았던 사마리아 여인의 질문에 경청하시고 손을 내미십니다(요 4:9-26). 죄인이라고 손가락질받던 세리장 삭개오의 진솔한 다짐에 귀를 기울이시고 구원을 선포하십니다(눅 19:7-10). 심

지어는 자신을 시기하던 바리새인들과 사두개인들의 날이 선 추궁 또한 무시하지 않고 명확한 진리로 정면 돌파하십니다 (마 22:15-40). 그러므로 우리도 예수님처럼 세상에 귀를 기울여야 합니다.

공감대 형성하기

다가가는 것과 경청하는 것에 성공했다면, 깊은 대화를 이어가기 위해 공감대를 형성해야 합니다. 사도행전 2장에 등장하는 유대인들과 유대교에 입문한 이방인들은 구약에 정통한 사람들이었습니다. 이 때문에 베드로가 요엘 선지자의 말을 인용하고, 다윗 왕의 말을 인용할 때 그들은 안심했을 것입니다. 마찬가지로, 다가가는 상대방의 마음에 이미 자리 잡은 기저 신앙을 이해하고 공감할 때 우리가 한편임을 알려 줄 수 있습니다.

제가 사는 호주 시드니는 다양한 민족과 문화가 섞여 사는 다민족 도시입니다. 그래서 전도를 하다 보면 다양한 배경과 다양한 종교를 가진 사람들을 만났는데, 이들과 대화를 지속하려면 공감대를 형성하는 것이 얼마나 중요한지를 종종 느겼습니다. 예를 들어 무슬림 형제를 만날 때면 점점 더 세속적으로 변해 가는 사회를 걱정하거나, 혹은 코란에 나오는 '책의 사람들'[5]을 이야기를 하며 공감대를 형성할 수 있습니다. 그리고 호주에서 태어나고 자라서 기독교 문화에는 익숙하지만 개인적으로 신앙은 없는 청년들에게는 부활절이나 크리스마스 때 교회에 간 어린 시절의 추억을 나누며 공감대를 형성할 수 있습니다. 공감대가 형성되지 않은 상태에서 정보 전달을 하는 것은 상대방이 방어적으로 나오게끔 합니다. 이미 적이라고 인식된 사람이 말하는 정보는 상대방이 배척하기 마련입니다.

사도 바울 또한 아덴에서 설교하며 이렇게 말합니다.

> …너희 시인 중 어떤 사람들의 말과 같이 우리가 그의 소생이라 하니 이와 같이 하나님의 소생이 되었은즉… 행 17:28-29

사도 바울이 인용한 시인은 그리스도인이 아니었지만, 바울은 그 말이 맞다고 인정했습니다. 그러자 청중은 그 말에 공감하여 방어막을 내리고 마음 문을 엽니다. 이와 같이 우리도

5　이슬람 경전인 코란에서 유대인들과 그리스도인들을 지칭하는 표현입니다.

상대방의 말 가운데 부분적이지만 옳은 것에 동의할 수 있습니다. 예를 들어 이런 질문을 들을 때가 종종 있습니다. "모든 종교는 다 똑같은 거 아니에요?" 보통 이런 질문에 우리는 "기독교는 다른 종교와는 다르다"고 곧장 대답하고픈 강박감을 느낍니다. 하지만 오히려 질문자의 발상에 동의할 수 있는 부분을 찾아서 공감대를 형성하는 방법을 사용할 수 있습니다.

종교는 모두 동일하냐는 질문에 저는 이렇게 대답합니다. "네, 모든 종교는 다 똑같은 것 같아요. 종교라는 단어 자체만 봐도 그렇지 않을까요? 다양한 해석이 있지만 종교, 곧 'religion'이란 단어는 '다시'라는 뜻의 're-'와, '잇다'를 뜻하는 'ligare'의 합성어라고 합니다. 이처럼 인간에게 있어 '종교'는 깨어진 관계를 다시 이어 주는 것이 목적입니다.[6] 자연과의 관계, 사람과의 관계, 또한 하나님과의 관계를 말이죠. 그렇다면 우리의 관계는 왜 이렇게 깨어져 있을까요?"

이런 식으로 상대방의 말에 동의하여 공감대를 형성한 후 자연스럽게 우리가 현재 경험하는 죄의 결과, 그리고 결국에는 그 죄를 해결할 분은 예수 그리스도 한 분이라는 타협할 수 없는 진리로 이어갑니다. 상대방의 말에 동의함으로 방어적

---

[6] Religion의 어원과 관련된 많은 이론 중 한 가지입니다.

인 자세를 낮추도록 유도한 후 복음의 메시지가 전달되도록 하는 것입니다.

또한 공감대를 형성할 때 대화의 첫 단계, '다가가기'에서 나눈 것처럼 사람마다 다른 언어를 사용한다는 것을 기억해야 합니다. 이것은 단순히 영어를 사용하는 사람과 한국어를 사용하는 사람이 서로 말이 통하지 않는다는 수준이 아닙니다. 『5가지 사랑의 언어』라는, 이제는 비그리스도인들에게도 유명한 책이 있습니다.[7] 이 책에서 저자는 사랑의 다양한 표현 방식을 소개합니다. 어떤 사람은 상대방을 사랑한다는 것을 스킨십으로 표현하고, 다른 누군가는 인정하는 말로 표현한다는 것입니다. 서로 사랑하는 사이지만 그 사랑을 느끼지 못하고 갈등이 반복된다면 사랑 표현에 언어 장벽이 있는 것은 아닐지 고민해 볼 수 있습니다. 그와 마찬가지로 세대 특유의 언어를 이해하는 것이 중요합니다. 그들이 왜 그런 식으로 사고하고, 고민하는지를 이해하는 노력이 필요합니다. 어떤 기저 신앙으로 살아가는지를 파악해야 합니다.

그리스도인들이 자주 사용하는 표현 중 외부인이 들었을 때 이해하기 어렵거나 오해하기 쉬운 표현들도 많습니다. 예

---

[7] 게리 채프먼, 『5가지 사랑의 언어』(*The Five Love Languages*), (서울: 생명의말씀사).

를 들어 '믿음'이라는 단어를 생각해 봅시다. '믿음'이라는 단어를 '맹신'의 동의어처럼 사용하시는 분들이 많습니다. 그래서 믿음은 합리적이고 과학적인 사고방식과 철저히 반대된다고 생각합니다. 만약 그런 식으로 믿음을 정의하는 분을 만났는데 그 부분을 알아차리지 못하고 성급하게 대화를 이어 나간다면 오해만 쌓이고 내용에 진전이 없을 것입니다. 생물학 박사 과정을 하던 한 지인과 복음을 나눌 기회가 있었습니다.

A 나는 과학적 관측 외의 것을 지식의 기반으로 삼을 수 없어요. 믿음을 가진다는 것은 지적인 것을 포기하는 것입니다. 당신이 과학자이면서 기독교인이라는 게 믿기지가 않아요.

B 그렇군요. 생각을 나누어 주어서 고맙습니다. 그런데 본인은 지금 박사 과정을 이수하면서 다른 과학자의 논문도 읽으시죠?

A 네, 물론이죠.

B 그럼 읽으신 그 많은 논문에 나오는 모든 연구를 직접 실험하고, 반복하여 확인하지는 않으실 테고요?

A 그건 당연하죠.

B 제가 말하는 '믿음'도 그와 비슷하다고 생각하시면 됩니다.

당신은 그 분야의 전문가들이 직접 실험하고 검수하여 발표한 논문들이 본인의 논리를 통해 '믿을 만하다'고 판단하셨지요? 저 또한 예수님이 하신 말씀이 제 개인적인 종교적인 체험, 철학적 고찰과 성경의 증언을 통해 '믿을 만하다'고 판단을 내렸답니다. 물론 이성적 판단 없이 믿는 맹신이 있을 수 있지만, 모든 믿음이 그렇다고 생각한다면 우린 삶의 어떤 행위조차 할 수 없을 것입니다.

이와 같이 상대방이 가진 기저 신앙이 무엇인지, 또한 사용하는 단어의 의미가 무엇인지 파악하고, 그 오해를 풀어 주는 것이 중요합니다. 지레짐작하고 마음의 문을 닫아버리기 때문입니다. 그들의 말을 경청하고, 공통된 언어로 대화의 장을 열 때 공감대가 형성되어 그들의 마음의 벽이 무너집니다.

그리고 우리는 더 깊은 단계에서, 더 오랜 시간과 정성을 들여 공감하는 방법을 배워야 합니다. 학대받은 개들은 좋은 곳으로 입양을 갔더라도, 더 이상 상처를 줄 사람이 없음을 인식하고, 그 학대의 기억이 지워질 때까지 긴 시간이 걸린다고 합니다. 기독교를 배척하는 마음이 긴 시간 동안 형성되었다면, 특별히 그것이 부모 혹은 가까운 사람의 잘못된 믿음의 표현으로 인한 것이라면, 그 마음이 부드러워질 때까지 오랜 시간이 걸릴 수도 있습니다. 단단한 방어벽을 형성했다면, 밖에서 아무리 진리를 외쳐 보아도 닿지 않을 것입니다. 자신의 네트워크 안에서 반향실(echo chamber; 메아리가 울리는 곳으로, 같은 의견이 반복되어서 그 신념을 더 강하게 만드는 곳)을 만들어 놓고 다른 생각이 들어오지 않도록 막을 것입니다.

우리는 그래서 관계적으로 그들과 만나야 합니다. 멀리서 하는 독백이 아니라, 긴 호흡으로, 친밀한 관계에서 인격적인 대화를 나누어야 합니다. 스티븐 아터번과 잭 펠톤은 말합니다. "해로운 믿음의 뿌리를 제거하는 일에는 시간과 노력이 든다. 이는 우리가 삶과 하나님을 잘못 이해할 수 있다는 사실을 인정하고 마음을 여는 과정이다. 영적 건강을 향한 첫걸음은 잘못된 믿음을 확인하는 것이다. 일단 그것이 확인되면 그와 동시에 변화될 수 있으며, 하나님을 향한 참된 신앙을 회복할 수 있다."[8]

이것이 환대가 가지고 있는 능력입니다. 환대란 무엇입니까? 나의 집, 나의 영역으로 온 손님을 두 팔 벌려 맞이하는 것입니다. 신약성경이 집필되던 당시의 문화에 따르면, 손님이 집에 찾아왔을 때 종에게 그의 발을 씻기게 하였다고 합니다.

---

[8] 스티븐 아터번, 잭 펠톤, 『해로운 믿음』(*Toxic Faith*), (서울: 죠이선교회 출판부), 68.

예수님은 제자들의 발을 씻기시며 이렇게 말씀하셨습니다.

> ¹⁴ 내가 주와 또는 선생이 되어 너희 발을 씻었으니 너희도 서로 발을 씻어 주는 것이 옳으니라 ¹⁵ 내가 너희에게 행한 것 같이 너희도 행하게 하려 하여 본을 보였노라 요 13:14-15

예수님이 하셨던 것처럼 우리의 삶에 허락된 분들과 만나며 교제할 때 우리도 낮아져서 눈높이를 그들에게 맞추어야 합니다. 그리고 하나님께서 기회를 주셨을 때 가장 좋은 것으로 그들을 섬겨야 합니다. 귀한 손님이 왔을 때 라면을 끓여 주는 사람은 많지 않을 것입니다. 자기 집에 있는 가장 좋은 식재료로 가장 맛있는 음식을 준비할 것입니다. 그렇다면 예수님의 제자로서 손님에게 내줄 가장 좋은 것은 무엇입니까? 나의 보화, 예수 그리스도입니다.

선포하기

그래서 우리는 예수님을 선포해야 하는 것입니다. 베드로는 말합니다.

> 그런즉 이스라엘 온 집은 확실히 알지니 너희가 십자가에 못 박은 이 예수를 하나님이 주와 그리스도가 되게 하셨느니라 행 2:36

우리가 가진 가장 귀한 것, 그 복음을 가감 없이, 담대하게 선포해야 합니다. 사실은 사실로서 전달되어야 합니다. 바꾸거나 가리면 안 됩니다. 듣는 사람이 상처 받을 수 있다고 해도, 열심히 구축한 관계를 깨뜨릴까 봐 걱정될지라도 타협 없이 선포하는 것이 중요합니다. 베드로가 듣는 사람이 상처 받지 않길 바랐다면 "너희가 십자가에 못 박은"이라는 표현을 사용하지 않았을 것입니다.

이 표현은 그 당시 사람들에게 더욱 뼛속 깊이 와닿았을 것입니다. 본문 가운데 오순절 절기에 순례자로서 예루살렘에 와서 베드로의 설교를 들은 유대인들, 그리고 유대교로 개종한 이방인들은 50일 전 유월절 절기에 예수님을 십자가에 못 박으라고 소동을 일으킨 사람들(마 27:22)과 같은, 혹은 최소한 겹치는 무리였을 것입니다. 직접적으로 예수님의 죽음에 관여한 사람들이었습니다. 당당하게 "그 피를 우리와 우리 자손에게 돌릴지어다"(마 27:25)라고 말한 사람들이었습니다. 그런 사람들에게 "너희가 선지자들이 예언한 그 메시아를 죽였다"라고 말한 것입니다.

다음 세대는 아무 부족함과 어려움 없이 성장했기 때문에 마음이 연약하고 상처를 잘 받는다고 말합니다. 그래서 그들을 대할 때 깨어지기 쉬운 그릇처럼 조심스럽게 행동합니다. 확실히 이번 코로나19가 유행할 때, 모든 세대 가운데 MZ세대가 가장 정서적으로 연약했다는 조사 결과가 있습니다.[9]

하지만 이들은 진리에 대해서는 단단합니다. 자신이 믿는 바를 남이 동의하지 않는다고 해도 두려워하지 않습니다. 기후 변화라는 위기 속에서 자신과는 다른 의견을 가진 기성세대와 토론하기를 망설이지 않습니다. 공정성이 무너지는 사회에서 정의를 외치기를 두려워하지 않습니다. 탈진리를 외치며 절대적인 진리가 사라진 것처럼 행동하다가도, 가장 중요한 이슈라고 생각이 들면 옳고 그름을 따지는 일에 서슴지 않습니다. 그런데 왜 복음 전도에는 부정적으로 반응할까요? 설문 조사에 따르면 미국 성인의 60%는 다른 사람을 개종시키는 행위 자체를 극단주의적 모습으로 생각한다고 합니다.[10]

대학원 동기 중에 식습관에 대해 연구하던 친구가 있었습

---

9   https://mccrindle.com.au/insights/blog/mental-health-wellbeing-and-resilience-of-the-emerging-generations-during-covid19/

10 https://www.barna.com/research/five-ways-christianity-is-increasingly-viewed-as-extremist/

니다. 한번은 그 친구의 실험을 도와주다가 쥐에게 약을 경구 투여하는 것을 보았습니다. 쥐의 목덜미를 붙잡고 입을 벌린 후 끝이 뭉툭하고 긴 주사기를 넣어 위에 직접 약을 투여합니다. 마치 억지로 복음을 받아들이도록 하는 전도의 방법들처럼 말입니다. 영어 관용구 중 'Don't force it down my throat(내 목구멍으로 집어넣지 마!)'라는 표현이 있습니다. 나와 다른 의견에 억지로 동의하도록 만들지 말라는 뜻입니다.

'취존'이라는 말을 들어 보셨나요? '취향 존중'의 줄임말로, 자신의 취향을 존중해 달라는 의미입니다. 이런 문화에서는 전도라는 행위 자체가 개인의 취향을 존중하지 못하는 것이라고 생각하는 것 같습니다. 민트 초코 아이스크림을 좋아하는지, 오이를 좋아하는지 정도의 문제라는 것입니다. 싫어하는 음식을 꼭 먹어봐야 한다고 상대방에게 강요하는 사람은 참으로 무례하다고 비춰질 것입니다.

하지만 복음은 취향의 문제가 아니라 진리의 문제입니다. 비행기를 타 보셨다면 비행기 좌석에 꽂혀 있는 안전 매뉴얼을 보셨을 것입니다. 그 매뉴얼에는 사고가 났을 때 어떻게 해야 하는지 자세하게 적혀 있습니다. 산소마스크가 내려오면 자신이 먼저 착용한 후 옆 사람을 도와주라는 것같이 말입니다. 누구도 그런 매뉴얼을 보고 '취존'을 요구하지는 않을 것입니다. 산소가 부족한 상황에서 산소마스크를 껴야 한다는 것은 취향의 문제가 아니라 생존의 문제이기 때문입니다.

복음 또한 마찬가지입니다. 우주를 창조하신 하나님께서 존재하신다는 것이 객관적인 사실이라면, 그리고 그의 기준에 어느 누구도 부합하지 못했다는 것이 사실이라면, 또한 나사렛 예수의 삶과 가르침, 죽음과 부활이 사실이라면, 그를 전적으로 의지해야 구원받는다는 것은 취향의 문제가 아니라 생존의 문제입니다. 이것을 어떻게 효과적으로 설득할 것인지는 다음 장에서 더 자세히 나누도록 하겠습니다만, 다음 세대에게 세상의 종말이 다가오고 있음을 설득하는 것은 어려운 숙제가 아닙니다. 그들은 유례없는 팬데믹을 겪었고, 전쟁이 일어남을 목격했으며, 기후 위기가 실제적으로 삶에 어떻게 영향을 미치는지 몸소 경험했습니다. 종말로 달려가는 이 세상 속에서, 추락하는 비행기 안에서, 예수님의 복음만이 생명줄입니다.

또한 우리는 '복음'을 선포해야 합니다. 많은 경우 젊은 세대를 향한 전도는 복음을 선포하는 것보다는 그들을 교회에 초대하는 것이 일상인 것 같습니다. "우리 교회 전도사님이 그렇게 재밌어", "이번에 수련회 가는데 같이 갈래?", "교회 형제자매들이 그렇게 매력 있어." 이런 방법으로 교회에 와서 복음을 듣고 예수님을 믿는 일이 없다고 할 수는 없습니다.

하지만 더 뛰어난 어떤 것으로 유혹해야 할 만큼 예수님은 하찮은 분이 아님을 기억해야 합니다. 예수님은 1+1 사은품으로 끼워 팔 분이 아니십니다. 복음은 허위 광고로, 속임수로 판매할 정도로 매력 없는 것이 아닙니다. 천국은 밭에 감추인 보화와도 같고, 장사꾼이 찾는 극히 좋은 진주와도 같습니다. 자신이 가진 모든 것을 다 팔아서 취할 만큼 아름답고 귀한 것입니다(마 13:44-46). 감추인 보화를 자랑해야 하는데, 그 보화를 감싼 보자기를 자랑하는 것이 너무나도 안타까운 현실입니다. 그 보자기만 바라보다가 결국에는 실망하고 떠나는 일이 너무나도 많지 않습니까?

허위 광고를 예로 들 수 있습니다. 공기 청정기를 판매하면서, 관리할 필요 없이 한번 구매하면 평생 깨끗한 공기를 누릴 수 있다는 광고를 했다고 합시다. 하지만 소비자가 그것을 구매하고 보니, 전력 소비가 크고, 일 년에 한 번씩 비싼 필터로 교체해야 하고, 고장도 잦다면 어떤 마음이 들까요? 크게 실망하여 그 회사에서 파는 어떤 제품이라도 다시는 구매하지 않을 것입니다. 예수님께서 말씀하셨습니다.

26 무릇 내게 오는 자가 자기 부모와 처자와 형제와 자매와 더

욱이 자기 목숨까지 미워하지 아니하면 능히 내 제자가 되지 못하고 ²⁷ 누구든지 자기 십자가를 지고 나를 따르지 않는 자도 능히 내 제자가 되지 못하리라 ²⁸ 너희 중의 누가 망대를 세우고자 할진대 자기의 가진 것이 준공하기까지에 족할는지 먼저 앉아 그 비용을 계산하지 아니하겠느냐 ²⁹ 그렇게 아니하여 그 기초만 쌓고 능히 이루지 못하면 보는 자가 다 비웃어 ³⁰ 이르되 이 사람이 공사를 시작하고 능히 이루지 못하였다 하리라 눅 14:26-30

그저 아무 희생도 고통도 없을 것처럼, 항상 행복만 가득할 것처럼 복음을 전한다면, 우리는 복음에 대해 허위 광고를 하는 것입니다. 우리는 복음으로 말미암아 예수님의 영광과 함께 고난을 약속받았습니다. 하지만 그 고난은 장차 다가올 영광에 비교할 수 없습니다(롬 8:17-18).

많은 경우 이런 방식을 택하는 이유는 젊은 세대가 복음에 대해 관심이 없다고 생각하기 때문입니다. 한 설문 조사가 밝힌 바에 의하면, 믿지 않는 사람들 중에 밀레니얼 세대가 기독교 진리에 대한 관심 비중이 두 배 이상 높았다고 합니다(밀레니얼 38%, 기성세대 16%).[11] 지금 젊은 세대는 이 세상의 것이 아니라

---

11 https://www.barna.com/research/millennial-spiritual-curiosity/

그 너머의 것을 갈망하고 있습니다. 코로나19의 대유행, 전쟁과 기후 위기, 전 세계적인 스태그플레이션으로 삶이 불안정하여, 한때 소원이었던 내 집 마련의 꿈은 점점 멀어지고, 살아보려고 했던 투자는 투기로 전락하고 말았습니다. N포 세대로 불리며 하나하나 포기해 가는 이 세대에게, 삶의 끝없는 불확실성 가운데 흔들리지 않는 반석 되시는 예수님은 그 어떤 것보다 더욱 매력적일 수밖에 없습니다.

물론, 예수님의 복음을 듣고 넘어진 사람들도 있을 것입니다. 예수님은 누군가에게는 흔들리지 않는 반석이 되어 주시지만, 누군가를 가루로 만들어 흩어지게도 하십니다(마 21:44).

> 하나님의 말씀은 살아 있고 활력이 있어 좌우에 날선 어떤 검보다도 예리하여 혼과 영과 및 관절과 골수를 찔러 쪼개기까지 하며 또 마음의 생각과 뜻을 판단하나니 히 4:12

우리는 하나님의 말씀이 그들의 마음을 찌르도록 해야 합니다. 그 찔림에 스데반을 정죄했던 무리들이 그랬던 것처럼 이를 갈고 우리를 미워하든(행 7:54), 아니면 베드로의 설교를 들었던 무리들이 그랬던 것처럼 회개하든(행 2:37-38), 하나님께서 하실 수 있도록 해야 합니다. 복음을 희석시키는 것은 하나님의 역사하심을 방해하는 것입니다. 복음 전도자는 정직해야 합니다.

또 다른 한편으로는 예수님께서 그 마음을 찌르기 전에 교회가 먼저 상처 주어 떠나보내는 이들이 없었으면 좋겠습니다. 변증가 그레이그 코쿨은 이렇게 말합니다. "복음은 그 자체로 충분히 모욕적입니다. 더 추가하지 마십시오."[12]

기다리기

복음이 선포된 후 우리는 상대방의 반응을 기다려야 합니다. 베드로가 예수 그리스도의 삶과 죽음, 그리고 부활을 선포하자 사람들이 사도들에게 질문합니다. "형제들아 우리가 어찌할꼬?"(행 2:37). 이 본문을 읽을 때마다 기억나는 한 청년이 있습니다. 노방전도를 하던 중 광장에 앉아서 친구를 기다리고 있던 한 청년을 만났습니다. 그에게 다가가 하나님이 어떤 분인지 말해 주고, 그리고 죄에 관해 이야기를 한 후 예수님을 소개하려고 숨을 고르던 순간, 비속어를 쓰며 그가 물어

---

[12] "The Gospel is offensive enough. Don't add any more offense to it." https://www.str.org/w/why-christians-must-share-the-gospel-in-deed-and-word

보았습니다. "오 젠장, 그럼 난 어떡해요?" 이런 반응을 기대하지 않았던 저는 당황해서 말을 더듬으며, 예수님이 우리 죄를 해결해 주시고자 하신 일을 들려주었습니다. 그 사건 이후로 사람들의 반응을 기다리는 것이 얼마나 중요한지 깨달았습니다.

사람들의 반응을 기다리는 것은 예수님의 방법이기도 했습니다. 사람들이 간음하다 현장에서 붙잡힌 여인을 예수께로 끌고 와서 모세의 율법을 예수님이 어떻게 실행하실지를 지켜보았습니다. 하지만 예수님은 그저 몸을 굽히사 손가락으로 땅에 무엇인가를 쓰셨습니다(요 8:6). 그들이 이 여인을 어떻게 다룰지 계속해서 묻자 예수님께서 말씀하십니다. "너희 중에 죄 없는 자가 먼저 돌로 치라"(7절). 그 후 다시 몸을 굽히시고 손가락으로 땅에 무언가를 쓰시니 정죄하던 자들이 다 떠나갔습니다(8-9절). 예수님의 가르침에는 서기관들과 다른 권위가 있었습니다(마 7:28-29). 하지만 이 순간, 예수님의 침묵은 그 이상의 권위로 사람들의 반응을 이끌어 냅니다.

또한 부활하신 후, 엠마오로 가는 두 제자에게 나타나셔서 같은 방법을 사용하십니다. 슬픈 빛을 띠고 길을 가는 두 제자들에게(눅 24:17) 구약에 나오는 자기에 관한 예언들을 자세히 설명하셨습니다(25-27절). 하지만 자신이 예수님이심을 드러내지 않으시고 "더 가려 하는 것 같이"(28절) 하심으로 그들의 반응을 살피십니다. 그들이 예수님을 식사의 자리로 초대한 후에야 예수님은 자신의 모습을 밝히 드러내십니다(30-31절). 『어른의 문답법』이라는 책에서 저자들은 이렇게 말합니다. "대화 중의 정적은 각자 찬찬히 생각하는 데 꼭 필요하다. 굳이 조급하게 정적을 메우지 않도록 하자. 정적은 신뢰를 쌓고 라포르를 형성하는 데 도움이 되고, 상대방의 생각을 곰곰이 이해해 보는 시간으로 삼을 수 있다. 많은 사람이 대화가 잠깐이라도 끊어지면 불편해하는 경향이 있는데, 이를 유용한 기회로 삼아 보자. 정적은 서로 찬찬히 생각해 볼 기회다."[13]

복음 제시 방법을 외워서 하는 매뉴얼적인 전도 방법 역시 귀한 도구이지만, 숙달되지 않으면 독백이 되고 맙니다. 청년부 형제자매들과 노방전도를 나갔을 때 마음이 앞선 청년들이 이런 식으로 대화하는 것을 종종 목격했습니다.

> **A** 선물은 값없이 받아야 합니다. 단 한 푼이라도 지불한다면 그것은 더 이상 선물이 아닙니다. 영생의 선물도 이와 마찬가지입니다. 정말로 놀라운 사실이 아닙니까?

---

[13] 피터 버고지언, 제임스 린지, 『어른의 문답법』(*How to have impossible conversations*), (서울: 월북), 37-38.

B 아, 근데 그건….

A 그러면 왜 이렇게 영생을 꼭 선물로 받아야 하는 걸까요?

   이와 반대로 상대방의 반응을 기다리며 소통을 이어간다면 여러 가지 유익이 있을 것입니다. 첫째로, 그에게 믿음을 '선택'(결국에는 하나님께서 그를 먼저 선택하셨음을 깨닫게 되지만)할 수 있도록 주도권을 줄 수 있습니다. 대부분 비슷한 경험을 한 적이 있을 것입니다. 나와 생각이 다른 친구를 열과 성의를 다해서 설득해 보았지만 생각을 바꾸지 않더니 몇 주 뒤 마치 자기가 발견한 것처럼 자기 생각이 바뀌었다며 나를 찾아옵니다. 그 친구는 내 생각이 틀렸다고 생각했던 것이 아니라, 그 자리에서, 그 시간에, 자기 선택을 강요받기 싫었던 것입니다. 중고 자동차를 사러 갔을 때 모든 조건과 가격이 마음에 들었지만 딜러의 언변에 혹시 속는 것은 아닐까 걱정하는 구매자의 마음과도 같습니다.

   팬데믹으로 인해 이제는 익숙해진 공중보건학의 새로운 패러다임, 신공중보건학에서 주장하는 핵심 가치 중 하나인 지역사회 참여도 마찬가지입니다. 의료 전문가의 일방적인 건강증진 프로그램의 대상이 아니라 지역사회가 능동적으로 어떻게 더 건강한 사회를 만들어 갈 것인지 함께 고민하는 것이 더욱 큰 효과를 발휘합니다. 왜냐하면 권위를 가진 사람들이 현장의 목소리를 듣지 않고 개인의 삶을 통제하려고 한다는 비난에서 벗어날 수 있기 때문입니다. 특히 다음 세대는 "이렇게 해야 해, 저렇게 해야 해"라는 권위적인 말에 본능적으로 반감을 품습니다. 하지만 그들이 스스로 생각하고 반응하도록 기회를 줄 때, 억지로 하는 것이 아니라 자신의 선택으로 행동한다는 확신을 줄 수 있습니다.

둘째로, 하나님의 말씀이 상대방의 마음을 움직일 시간을 줍니다. 위대한 작가 마크 트웨인은 이렇게 말합니다. "올바른 단어 사용이 효과적일 수 있지만 올바른 여백의 사용보다 효과적인 단어는 없습니다." 우리는 하나님의 말씀이 좌우의 날선 검과 같이 운동력으로 관절과 골수를 찔러 쪼개며 마음의 생각과 뜻을 감찰하기(히 4:12)를 기다려야 합니다. 밀린 숙제를 해치우듯이 내가 외운 말을 다 하는 것은 효과적인 전도 방식이 아닐뿐더러 하나님의 말씀이 일하심을 신뢰하지 못한 태도일 수 있으니, 반드시 자기 성찰이 필요합니다.

마지막으로, 상대의 반응을 보면서 그의 고민과 생각을 파악할 수 있습니다. 몇 년 전 대학교 조교로 일할 때, 30~40분 동안 연신 고개를 끄덕이며 앉아 있던 학생들이 사실은 수업 시간에 배운 것이 거의 없다는 사실을 알게 된 적이 있습니다. 그 후로는 수업을 진행하며 설명이 불충분한 점은 없었는지, 다른 질문은 없는지 물어보는 습관이 생겼습니다. 마찬가지로 전도할 때도 복음의 메시지가 잘 전달되었는지, 상대방이 잘 이해했는지 확인하려면 상대방의 반응을 기다려야 합니다.

물론 아무리 반응을 기다려도 즉각적인 회심이 일어나지 않을 수 있습니다. 이십 대 때 저는 하나님의 강권적인 인도하심으로, "때를 얻든지 못 얻든지"(딤후 4:2) 복음을 전하기 시작했습니다. 학교에 가는 길 기차 안에서, 학교 친구들이든, 교수님들이든, 무슬림이든, 무신론자든 복음을 전했습니다. 그리고 출석하는 교회 동역자들과 함께 매주 최소 한 번, 많게는 두세 번 여러 지역 광장으로 나가 한 사람 한 사람씩 붙잡고 복음을 전했고, 이를 5년이 넘는 시간 동안 계속했습니다.

그런 가운데 사도행전에 나온 것처럼 설교 한번에 삼천 명이 예수님을 믿는 역사가 일어나기를 기대했지만 대부분은 복음을 무시하거나, 즉각적인 변화를 거부했습니다. 물론 제 부족함이 큰 이유였음은 부정할 수 없습니다. 하지만 점점 전도가 무엇인지 알게 되었으며 즉각적인 변화가 일어나는 것이 얼마나 힘든지를 깨달았습니다.

절대적인 상황을 표현할 때 사용하는 '죽었다 깨어나도'라는 관용구가 있습니다. 흥미로운 점은 성경이 예수님을 믿고 구원받는 과정을 옛 사람이 죽고 새사람이 되는 것으로 표현한다는 것입니다(롬 6:4-6, 엡 4:22-24, 골 3:5-10). 우리가 예수님을 믿는다는 것은 죽었다 깨어나도 불가능한 일이었습니다. "이 세상의 신이 믿지 아니하는 자들의 마음을 혼미하게 하여"(고후 4:4) 믿음을 갖는 것을 어렵게 합니다. 이것은 단순히 영적인 부분으로만 생각할 것이 아니라 자연 과학적으로도 설명이 가능한 부분인데, 최근에 과학자들은 인간이 자신의 원래 생각과 반대되는 정보를 들었을 때 의견을 바꾸기 힘들 수밖에 없다는 것을 후방 내측 전두엽 피질의 반응을 관찰함으로 밝혀냈습니다.[14]

예수님께서 야고보와 요한을 부르시자 "그들이 곧 배와 아버지를 버려두고"(마 4:22) 바로 따랐습니다. 예수님을 따르는 일은, 물을 포도주로 만드신 것과 같은 기적의 범주에 있는 것이 아닐까요? 복음 전도는 우리의 능력의 범주에 있지 않습니다. 예수님께서 말씀하십니다.

---

[14] Kappes, Andreas, Ann H. Harvey, Terry Lohrenz, P. Read Montague, and Tali Sharot. "Confirmation bias in the utilization of others' opinion strength." *Nature neuroscience* 23, no. 1 (2020): 130-137.

나를 보내신 아버지께서 이끌지 아니하면 아무라도 내게 올 수 없으니 오는 그를 내가 마지막 날에 다시 살리리라 요 6:44

성령 충만하기

그러므로 우리는 성령 충만해야 합니다. 베드로의 설교가 시작되기 전, 오순절 다락방에서 기도하던 예수님의 제자들은 성령이 충만하게 임하심을 경험했습니다(행 2:4). 성령의 충만함이란 무엇일까요? "술 취하지 말라 이는 방탕한 것이니 오직 성령으로 충만함을 받으라"(엡 5:18)는 구절을 보면, 술의 지배를 받는 술 취함에 비교되는 성령의 충만함은 성령님의 지배를 받는 것입니다. 성령으로 충만한 사람은, 성령의 인도하심에 따라 생각하고, 말하고, 표정을 짓고, 행동합니다. 베드로의 설교를 듣고 삼천 명이 예수님을 믿게 된 사건은, 베드로의 언변 때문이 아니라, 하나님이 영으로서 강력하게 일하셨기 때문입니다.

사도 베드로는 이렇게 말합니다.

너희 마음에 그리스도를 주로 삼아 거룩하게 하고 너희 속에

있는 소망에 관한 이유를 묻는 자에게는 대답할 것을 항상 준비하되 온유와 두려움으로 하고 벧전 3:15

이 구절은 우리가 전도할 때 가장 중요하게 여길 것이 무엇인지 가르쳐 줍니다. "너희 마음에 그리스도를 주로 삼아." 우리는 하나님을 대화의 자리로 초대해야 합니다. 우리는 항상 예수 그리스도를 주인으로 삼는 그의 제자임을 기억하고 전도의 자리로 나아가야 합니다. 앞에서 보았다시피 전도는 독백이 아니라 대화입니다. 하지만 전도자와 상대방 둘만의 대화가 아닙니다. 하나님도 함께하시는 3자 대화입니다. 하나님께서는 우리에게 복음 전할 때 할 말을 알려주십니다. 그리고 상대방의 마음을 움직이십니다. 살아 계신 하나님을 인정하고 경배하는 마음으로 대화를 진행해야 합니다.

성령의 충만함은 우리의 '주인공병'(공주병, 왕자병처럼 자신이 주인공이라고 생각하는 병) 치료제입니다. 기독교 가정에서 태어나고 자랐지만 예수님을 믿지 못하던 한 친구가 있었습니다. 저는 고민 상담도 해 주고, 그가 복음을 더 잘 이해하도록 열심히 노력했습니다. 결국에는 그 친구가 예수님을 영접하여 세례를 받았습니다. 세례식에서 그 친구가 간증을 하는데, 제가 열심히 복음을 전했다는 내용은 없고, 전혀 다른 방식으로 예수님을 인격적으로 경험했다고 말했습니다. 그 친구가 예수님을 믿게 되었다는 자체를 기뻐하기보다는 내가 회심에 직접적인 영향을 끼치지 못했다는 생각에 실망감만 들었습니다.

어렸을 때 학교에서 축구를 할 때면 인기도 많고 실력도 좋은 친구들이 주로 공격수를 맡았습니다. 아무리 수비수가 열심히 수비하고 미드필더가 패스를 잘해도, 결국에는 마지막 슈팅으로 골망을 가르는 공격수가 가장 중요했기 때문입니다. 하지만 공격수가 멋있다고 모든 선수가 공격수가 된다면 어떻게 될까요? 열심히 공을 막아야 할 골키퍼가 골을 넣고 싶은 욕심이 생겨 감독의 말을 무시하고 드리블하기 시작한다면 모두의 마음이 철렁 주저앉을 것입니다.

우리가 전도를 대하는 태도 또한 마찬가지입니다. 아무리 그렇게 생각하지 않으려고 해도 베드로가 설교 한번에 삼천 명을 예수님께로 돌아오게 했으니 베드로를 주인공처럼 여깁니다. 바울의 선교 사역으로 이방 나라들에서 예수님의 교회들이 세워지니 바울이 주인공 같습니다. 그러면 사도행전은 위인들의 서사시로 전락하고, 독자들은 베드로처럼, 바울처럼 위대한 사역자가 되고 싶다는 욕망으로 가득 찹니다. 빌리그래함 집회에 수십만 명이 모이고, 예수님께 자신의 삶을 드렸다는 전설 같은 이야기를 들으면 나도 그렇게 위대한 사람이 되고 싶다고 생각합니다. 이런 믿음의 영웅은 해트트릭 한 공격수처럼, 많은 신앙의 어린이에게 동경을 받습니다.

하지만 바울은 말합니다.

> ³ 너희는 아직도 육신에 속한 자로다 너희 가운데 시기와 분쟁이 있으니 어찌 육신에 속하여 사람을 따라 행함이 아니리요 ⁴ 어떤 이는 말하되 나는 바울에게라 하고 다른 이는 나는 아볼로에게라 하니 너희가 육의 사람이 아니리요 ⁵ 그런즉 아볼로는 무엇이며 바울은 무엇이냐 그들은 주께서 각각 주신 대로 너희로 하여금 믿게 한 사역자들이니라 ⁶ 나는 심었고 아볼로는 물을 주었으되 오직 하나님께서 자라나게 하셨나니 ⁷ 그런즉 심는 이나 물 주는 이는 아무 것도 아니로되 오직 자라게 하시는 이는 하나님뿐이니라 고전 3:3-7

육신에 거한 사람은 하지 못하는 고백, 오로지 성령에 거한 사람만이 할 수 있는 고백은, 하나님이 주인공이라는 것입니다. 하나님께서 이 사람을 내가 사랑하는 것보다 더 사랑하시며, 하나님의 방식으로 구원의 여정으로 이끄실 것입니다. 그때 우리의 마음은 더욱 편안해지고, 여유롭게 대화를 이끌어 갈 수 있습니다. 우리에게는 때를 얻든지 못 얻든지 복음을 전해야 한다는 명령에 따라, 어떻게든 복음의 메시지를 상대방에게 우겨넣으려는 강박감이 있습니다. 하지만 성령님의 인도하심에 따라 행하다 보면 상황에 맞게 언제, 어떻게 복음을 전해야 할지 알 수 있습니다. 필드 전체를 보는 감독의 말을 들으면 지금 수비할 때인지, 패스할 때인지, 아니면 골망이 활짝 열려 있어 공을 툭 쳐서 넣기만 하면 될 때인지 알 수 있습니다.

사도행전 17장에 나오는 바울의 아레오바고 설교에서는 예수님의 십자가 죽으심은 암시되지만, 명확하게 전달되지는 않습니다. 아마도 그들이 부활과 관련된 이야기를 듣고 조롱하며 소란을 일으키니 더 이상 말하지 않은 것 같습니다(32-33절). 하지만 전체적인 복음의 메시지가 전달되지 않았는데도 그것만으로도 몇 사람의 관심을 끌었고, 그들이 바울을 가까이하여 믿었다고 기록되어 있습니다(34절).

처음 노방전도를 나갔을 때 '사영리'라는 전도 책자로 복음을 전할 기회가 있었습니다. 사역을 나가기 전 교회 멘토들에게 책자 사용법을 배우고, 집에서 반복적으로 연습한 후, 처음으로 실전에 투입되어 노방전도를 했습니다. 몇 시간의 복음 전도를 마치고 교회로 돌아와 전도자들끼리 간증을 나누는데, 다른 사람들과는 달리 저는 전도 대상자들이 어떤 표정을 지었는지, 어떤 반응을 보였는지 도저히 기억이 나지 않았습니다. 복음을 처음부터 끝까지 전해야 한다는 강박감 때문에 상대방의 반응을 신경 쓰지 않았던 것입니다.

요즈음은 '사영리'로 전도를 할 때 첫 번째 영적 원리, "하나님은 당신을 사랑하시며 당신을 향한 놀라운 계획을 가지고 계십니다"에서 그칠 때가 많습니다. 하나님이 존재하기는 하시는지, 자신이 생각하는 하나님의 모습은 어떠한지 등의 대화를 나누면 어느새 약속된 시간이 넘어가곤 합니다.

그리고 이미 하나님의 존재와 자신이 죄인이라는 사실을 잘 이해한 분들을 만날 때면, 왜 예수님께서 유일한 해결책이 되시는지에 집중합니다. 그들이 제 앞에서 매번 눈물 흘리며 예수님께 돌아오는 '골인'과도 같은 상황이 벌어지지는 않았지만, 대화 가운데 그들의 표정이 밝아지고, 기독교를 오해한 것이 풀리는 역사를 보았습니다.

예수님을 믿는 사람의 여정을 알레고리 형식으로 풀어낸 존 번연의 『천로역정』에서 주인공인 크리스천은 믿음의 여정 가운데 많은 등장인물을 만납니다. 전도자를 만나고, 신실, 소망, 그리고 한 사람, 한 사람과의 만남을 통해 크리스천은 더 성장하고, 천성을 향해 한 걸음씩 나아갑니다. 하지만 처음 복음을 전했던 전도자라는 인물이 크리스천의 구원 여정 내내 함께하지는 않습니다. 크리스천이 십자가 앞에서 눈물을 흘리며 죄의 짐을 내려놓을 때 그는 그 앞에 있지 않습니다. 이와 같이 내 눈 앞에서 예수님을 믿지 않더라도, 한 영혼이 구원받는 긴 여정에 내가 쓰임받는 한 명의 등장인물이 될 수 있음을 기억해야 합니다. 그렇게 하나님의 영광스러운 사역에 동참하는 것이 우리에게는 다른 어떤 것과 비교할 수 없는 영광입니다.

저는 전도라는 단어를 참 좋아합니다. 전할 전(傳)에 길 도(道)를 사용하여 '길을 전한다'는 뜻입니다. 우리가 아직 생명의 길을 찾지 못한 사람에게 그 길을 가르쳐 줄 때 어떤 사람은 아예 반대로 갔을 것이고, 다른 누군가는 거의 다 왔지만 앞을 막는 덤불 때문에 그 너머를 보지 못할 수도 있고, 또 다른 누군가는 그 길을 바라보지만 너무 험하고 외로워 보여 주저하고 있을 수도 있습니다. 각자의 상황에 맞게 나누는 우리의 모든 대화는 길을 전하는 전도가 될 수 있습니다.

리차드 피스 박사는 이렇게 말합니다.[15]

그러나 만일 회심이 과정도 될 수 있음을 이해한다면, 구

---

[15] 홍성철 편, 『전도학』 중 리차드 피스의 '복음전도와 회심', (서울: 도서출판 세복), 179-180.

도자들과 나누는 우리의 대화는 다르게 전개될 수 있다. 모든 사람이 영적인 순례의 길을 가는 중이라는 사실을 인식한다면(그들은 그 길을 피할 수 없다; 하나님이 그분의 형상대로 우리를 만드셨기에 우리의 마음에는 '영원'이 새겨져 있다), 이제 문제는 그 사람들이 영적 순례의 길에서 어디쯤 와 있느냐 하는 것이다. 그들은 하나님으로부터 얼마나 가까이 혹은 얼마나 멀리 있는가? 그들이 하나님을 향하여 나아가도록 어떤 문제나 이슈를 다루어야 하는가? 그들의 삶에서 역사하시는 성령은 어떤 영역에서 통찰력과 책망을 일으키시는가? 우리는 어떻게 그런 사람들이 하나님 쪽으로 다음 걸음을 내딛도록 도울 수 있을까? 나는 이러한 과정을 거룩한 대화라고 부른다. 한 가지 방법만으로 증거하기보다는 이제 우리는 다른 사람들의 필요, 갈급, 이슈 및 질문들을 다루지 않으면 안 된다. 이것이야말로 참된 대화이며, 많은 증거를 일방적으로 쏟는 독백과는 다른 대화이다.

우리의 감독 되시는 성령님의 음성에 귀 기울일 때 우리는 하나님의 구원 사역에 동참할 수 있습니다. 그 마음으로 전도할 때 우리는 더 이상 주도자가 아니라 목격자로서 하나님께서 이루시는 놀라운 일을 가장 앞자리에서 봅니다. 전도의 '대상자'와 함께 대화를 나누는 것이 아니라 성령님께서 인도해 주셔서 영적인 순례의 길에서 만난 '길동무'와 대화를 나눕니다. 그들의 여정 끝까지 함께하지는 못할지라도 성령님의 도우심으로 그다음 발걸음을 인도하려 노력합니다.

지금까지 몇 장에 걸쳐서 사도행전 2장에 나오는 베드로의 설교를 통해서 일방통행이 아닌 대화로서의 전도 방법을 살펴보았습니다. 대화라는 개념으로 다음 세대에게 다가갈 때 오로지 성령님의 인도하심을 의지하여 다가가고, 경청하고, 공감하고, 복음을 선포하면 하나님께서 놀라운 일을 행하심을 보게 될 것입니다.

젊은 세대의 오해

12 다 놀라며 당황하여 서로 이르되 이 어찌 된 일이냐 하며 **13** 또 어떤 이들은 조롱하여 이르되 그들이 새 술에 취하였다 하더라 **14** 베드로가 열한 사도와 함께 서서 소리를 높여 이르되 유대인들과 예루살렘에 사는 모든 사람들아 이 일을 너희로 알게 할 것이니 내 말에 귀를 기울이라 **15** 때가 제 삼 시니 너희 생각과 같이 이 사람들이 취한 것이 아니라 행 2:12-15

이전 장에서는 대화의 기본으로 '경청하기'를 나누었습니다. 상대방의 의견을 진심으로 경청하고, 혹시 오해가 있다면 풀어 주어 공감대를 형성하는 방향으로 나아가는 것입니다. "그들이 새 술에 취하였다"라고 조롱하는 사람들에게 "때가 제 삼 시니" 취한 것이 아니라는 이성적이고 합리적인 증거를 제시해서 오해를 없애 주는 것처럼 말입니다. 오해를 없애지 않고 예수님을 '만나면 된다'는 태도로 일관한다면 크리스천들과는 말이 통하지 않는다는 의심은 확신이 되어 그들의 마음 문은 더욱 닫히고 맙니다. 오해가 풀리지 않는다면 대화가 시작될 수 없습니다. 그렇다면 현재 세상은, 특별히 다음 세대는 예수님과 교회를 어떤 시선으로 바라볼까요?

이 책에서는 이런 질문들에 대해 하나씩 다루고자 합니다. 그리고 그 전에 오해를 풀어 가는 과정에서 사용할 수 있는 방법을 몇 가지 나누고자 합니다.

먼저, 질문을 하는 것이 중요합니다. 그들이 어떻게 그 신념에 도달하였는지 진단할 수 있고, 어떤 방식으로 오해를 풀어주고 복음으로 인도할지 전략을 세울 수 있기 때문입니다. 고대 그리스 철학자 소크라테스는 상대방에게 여러 가지 질문을 함으로써 상대가 가진 생각이 틀렸음을 깨닫게 하였다고 합니다. 물론 그것은 많은 사람을 화나게 만들었고 결국은 그를 죽음에 이르게끔 하였습니다. 그와 달리 우리의 궁극적 목적은 그들이 틀렸음을 깨닫게 하는 것이 아닙니다. 복음으로 한 발자국 더 가까이 나아오도록 하는 것에 있습니다.

그러므로 우리의 질문들은 아젠다를 가지지 않은, 진지한 관심과 상대방을 향한 존중을 담은 질문들이어야 합니다. 예를 들어 다음과 같은 질문들을 할 수 있습니다: "어떻게 그 결론에 도달하셨나요?", "혹시 그렇게 생각하게 된 계기가 있을까요?", "제가 이해하기로는 그 단어를 이렇게 사용하시는 것 같은데 맞나요?" 이런 질문들을 할 때, 우리는 일방적으로 가르치는 선생의 자리에서 내려와 그들과 함께 배우는 구도자의 모습이 됩니다. 상대방도 더 이상 자신의 생각을 방어하는 입장이 아니라, 그것을 나누는 자리로 초대됩니다. 이것은 그들의 방어 태세를 낮추고 마음을 여는 좋은 방법입니다.

두 번째로, 짧은 비유를 사용하는 것이 효과적입니다. 요즘 젊은 세대 사이에서는 짧은 영상 매체(shortform)가 큰 인기를 끌고 있습니다. 1분을 넘지 않는 길이의 영상이 전달하고자 하는 메시지와 재미를 강렬하게 줍니다. 또한 짧고, 이해를 돕는 비유를 사용하기에 상대방의 관심을 끄는 데 도움이 됩니다. 이것은 예수님의 방법이기도 했습니다. 이어지는 장들에서 짧은 비유를 나눌 예정입니다. 한 가지 주의해야 할 것은 짧은 비유를 사용할 때 그 비유가 말하고자 하는 메시지에서 멈춰야 한다는 점입니다. 예를 들어, 예수님이 비유로 말씀하시는 것을 살펴볼까요?

내 안에 거하라 나도 너희 안에 거하리라 가지가 포도나무에 붙어 있지 아니하면 스스로 열매를 맺을 수 없음 같이 너희도 내 안에 있지 아니하면 그러하리라 요 15:4

예수님이 자신과 우리의 관계를 포도나무와 가지의 관계로 비유하십니다. 그리고 우리가 예수님을 떠나서는 열매 맺을 수 없음을 이야기하십니다. 구약의 이스라엘 백성이 좋은 포도 대신 들포도를 맺었던 것처럼 말입니다(사 5:2). 하지만 만약 이 비유를 '가지에 잎이 있고, 잎에 있는 엽록소가 광합성을 하여 나무에 영양분을 제공하니 예수님도 우리를 필요로 하신다'라는 식으로 확대 해석한다면 원래의 메시지에서 크게 벗어납니다. 하늘의 비밀을 완벽하게 나타낼 땅의 비유는 없습니다. 그 제한성을 인정할 때 비유의 도움을 받을 수 있습니다.

또한, 복음의 필수적인 요소 외에는 유연한 태도를 지녀야 합니다. 모세의 법대로 할례를 받지 못하면 구원을 받지 못한다고 전한 유대의 교사들로 인해 다툼이 일어나자 예루살렘에 있는 사도들에게 결정을 부탁하기 위해 몇 명이 보내심을 받습니다(행 15:1-2). 예수님의 동생 야고보가 말합니다. "이방인 중에서 하나님께로 돌아오는 자들을 괴롭게 하지 말고"(19절). 이를 본서의 주제에 맡게 이렇게 바꾸어 말할 수 있을 것 같습니다. "다음 세대 중에서 하나님께로 돌아오는 자들을 괴롭게 하지 말고." 예수님의 아름다움을 보고 돌아오고자 하는데 결국 지엽적인 것들이 그들을 괴롭게 한다면, 그래서 결국 하나님께로 돌아오지 못한다면, 그보다도 안타까운 일은 없을 것입니다.

베드로가 이야기합니다.

> ⁹ 믿음으로 그들의 마음을 깨끗이 하사 그들이나 우리나 차별하지 아니하셨느니라 ¹⁰ 그런데 지금 너희가 어찌하여 하나님을 시험하여 우리 조상과 우리도 능히 메지 못하던 멍에를 제자들의 목에 두려느냐 ¹¹ 그러나 우리는 그들이 우리와 동일하게 주 예수의 은혜로 구원 받는 줄을 믿노라 하니라 행 15:9-11

할례를 받아야 구원받는다는 말은 틀린 말입니다. 십일조를 꼭 내야지 구원을 받습니까? 술을 마시면 구원을 받지 못합니까? 구원에 직접적인 영향을 끼치는 믿음에 관한 문제에는 타협하지 않는 강단이 필요하지만, 지엽적인 것들에는 유연함이 필요합니다. 물론, 크리스천들 안에서도 어떤 부분이 복음에 필수적인 부분이고, 어떤 부분에 유연함을 가질 수 있는지 의견이 다양할 수 있지만 서로 존중하며 대화하는 것이 중요합니다.

    마지막으로, 오해 해소는 목적이 아니라 수단임을 기억해야 합니다. 제가 처음 기독 변증학을 접하고 진지하게 배우기 시작했을 때, 그것을 나누고자 하는 마음이 앞섰던 기억이 납니다. 노방전도를 가거나 친구들을 만날 때마다 우주의 기원이나 객관적 도덕 가치와 의무가 하나님의 존재를 증거하고 있다는 사실을 설명하고, 그들의 잘못된 생각을 파훼하는 데 큰 성취감을 느꼈습니다.[1] 하지만 저는 곧 그것이 영혼을 구하는 전도의 참된 모습이 아님을 깨달았습니다. 기독 변증은 세례 요한이고, 전도는 예수님이라는 말을 들은 적이 있습니다. "너희는 주의 길을 준비하라 그의 오실 길을 곧게 하라"(눅 3:4)라는 말씀처럼 변증은 복음이 전달되기 전, 그 마음을 준비하는 기간입니다. 오해가 풀린 후에도 계속 거기 머물고 자기 지식을 자랑하는 것은 "그는 흥하여야 하겠고 나는 쇠하여야 하리라 하니라"(요 3:30)라는 세례 요한의 말과는 상반되는 행동입니다.

    예수님을 아직 믿지 않는 자들과 대화를 나눈다는 것은 물

---

[1] William Lane Craig의 *On Guard*라는 책이 큰 도움이 되었습니다. 우리나라에서는 『복음주의 변증학』으로 번역되었습니다.

론 불편합니다. 그래서 우리는 그들이 듣든지 말든지 그저 전도지를 나누어 주고, 교회에 초대해서 설교를 듣도록 하는 것에 그칠 수 있습니다. 그들이 어떤 생각을 하는지 알지 못하면 그저 '하나님이 알아서 하시겠지' 하고 책임을 회피하게 될 수도 있습니다. 우리는 그들의 생각을 묻는 즉시 그들의 질문들과 우리의 믿음을 향한 비판들에 제대로 된 대답을 하지 못할까 봐 두렵습니다. 그래서 우리의 말과 행동에 여유가 없어지고, 그러다 보니 일방통행으로 내 할 말만 하고 얼른 이 자리를 떠나 버리려는 마음이 생깁니다. 이 두려움을 이기는 방법에 관해서 몇 가지 나누고자 합니다.

첫째로, 철저한 준비가 필요합니다. 많은 믿음의 선배님이 전도는 쉬운 것이라는 잘못된 기대를 주기도 합니다. 순진한 성도들은 그 말을 철썩 같이 믿고 고귀한 소명감을 품고 현장으로 나아갑니다. 하지만 곧 믿지 않는 자들의 비판적 질문들을 접하고는 기대와는 달리 어렵고 처절한 '전도 현장'이라는 현실 앞에서 무너져 버립니다.

철저하게 준비할수록 두려움을 이길 수 있습니다. 이것은 선교 여행이나 노방전도처럼 특수한 상황뿐 아니라 우리 삶에서 만나는 친구들, 이웃들, 가족들에게 복음을 나누는 관계 전도에서도 마찬가지입니다. 그들이 어떤 생각을 하는지 잘 듣고, 집에 돌아가서 그와 관련된 책도 읽어 보고, 다시 만나서 대화를 나누며 긴 호흡으로 그의 순례의 여정에 어떻게 동참할 수 있을지 고민할 수 있습니다. 그것은 마치 스포츠 경기를 뛰는 선수들과 같습니다. 경험이 적고 준비를 잘 하지 못한 선수들은 불안감에 제 실력을 발휘하지 못하고 부상의 위험이 따릅니다. 하지만 열심히 준비한 선수들은 더 큰 자신감으로 여유를 가지고 임할 수 있습니다.

전도 사역을 할 때 동역자들에게 자주 들었던 말은 "저는 똑똑하지 않아서 이런 거 잘 못해요"라는 것이었습니다. 물론 하나님께서는 각자에게 맞는 은사를 주시고, 예수 그리스도와 하나 된 지체로 다양한 역할을 감당하게 하셨습니다. 기성세대 아버지가 딸과 대화를 나누려고 유명한 아이돌 그룹 멤버의 이름을 외우는 것을 본 적 있나요? 하나님께서 우리 삶에 보내준 그 사람을 정말 사랑한다면, 그 사람이 가진 질문들, 어려움들에 대답하고자 열심히 노력할 수 있습니다. 물론 모든 것에 대답을 해야 한다는 것이 아닙니다. 하나님께서 맡겨주신 그 사람이 하나님께로 나아가기에 도움이 되고자, 함께 고민하고 공부할 수 있습니다. 결코 쉬운 일은 아니지만, 잃어버린 어린양을 찾아 기뻐하는 (마 18:13) 아버지의 사역에 동참하는 가치 있는 일입니다.

특히 다음 세대는 권위에 대해 긍정적으로 반응하지 않는 세대입니다. 그들이 여러분에게 마음을 열고 대화를 나누기 시작했다면, 여러분의 말과, 여러분의 생각을 듣고 싶다는 뜻입니다. 좋은 목사님 설교라고 유튜브 링크를 보내 준다거나, 좋은 책을 선물해 주는 마음도 참 귀합니다만, 더 좋은 것은 여러분이 그 설교를 듣고, 그 책을 읽고 소화를 시킨 다음 그들을 사랑하는 마음으로 섬기는 것입니다. 한번은 예수님을 믿는 자매와 결혼한 불신자 남성과 커피를 마신 적이 있었습니다. 대화가 무르익어 갈 때 그분이 고백하시길 장모님께 기독 변증학자가 쓴 책을 선물로 받았는데, 믿는 사람들을 대상으로 쓰인 내용이라서 전혀 이해가 되지 않았다고 하였습니다. 그 장모님께서 직접 그 책을 읽으시고, 사위를 사랑하는 마음으로 대화를 나누셨다면 어땠을까 생각해 봅니다.

둘째로, 자주 시도해 보아야 합니다. 몇 개월 전, 한 젊은 부부와 마주쳤던 일이 기억납니다. 세 살 정도 되는 딸과 함께 있었는데, 엄마가 딸에게 인사하라고 다그쳐도 아랑곳하지 않고 꼿꼿이 서서 저를 뚫어지게 쳐다만 보았습니다. 성인에게는 모르는 사람에게 고개 숙여 인사하는 것이 그다지 힘든 일이 아닙니다. 하지만 인사하는 것이 자연스러워질 때까지 우리는 그렇게 불편한 훈련을 거쳐 왔던 것입니다. 이와 같이 전도적 대화도 반복해서 훈련해야 합니다. 처음부터 잘하는 사람은 많지 않습니다. 불편하고 어색하지만 계속해서 훈련하는 것이 중요합니다. 그때 만났던 어린 친구는 몇 주 지나지 않아 아주 자연스럽게 저에게 인사를 건네게 되었습니다.

　마지막으로, 우리는 예수님을 믿어야 합니다. 그의 존재 사실을 지적으로 인정해야 한다는 뜻이 아니라 그를 신뢰해야 한다는 뜻입니다. 예수님은 세상의 몇 가지 질문들 때문에 쉽게 무너지실 분이 아닙니다. 기독교 진리는 온실 속의 화초가 아닙니다. 카드로 세워진 탑도 아닙니다. 이천 년이 넘는 시간 동안 석학들의 철학적 고찰과, 권세자들의 핍박과, 역사의 풍파를 겪으면서도 무너지지 않은, 반석 위에 세워진 집입니다. 예수님을 대적하는 사람들을 만나면, 그들의 질문에도 넘어지지 않는 복음의 능력을 경험할 수 있습니다. 예수님은 '나의 주님, 나의 하나님'이라는 개인적인 고백뿐 아니라(요 20:28) 하늘 위에와 땅 위에와 땅 아래와 바다 위에와 또 그 가운데 모든 만물에게 찬송과 존귀와 영광과 능력을 받기 합당하시다는 고백을 기억해야 합니다(계 5:13). 우리가 정말로 예수님께서 나의 주님이실 뿐만 아니라 이 모든 세상을 다스리시는 분임을 믿는다면, 세상 사람들의 비판을 두려워할 필요가 없습니다. 살아 계신 예수님의 영이, 지금도 우리 안에서 역사하고 계셔서 우리에게 할 말을 떠오르게 하실 것임을 믿어야 합니다.

이제 이 장을 마무리하겠습니다. 믿지 않는 분들과의 대화가 중요하다는 것을 나누었고, 대화를 방해하는 오해들을 다루는 방법, 그리고 그 두려움을 이기는 방법을 살펴보았습니다. 앞으로는 다섯 장에 걸쳐 현재 많은 사람이, 특히 다음 세대가 기독교에 가진 오해들이 무엇인지 나누고자 합니다.

젊은 세대의 오해 1:
예수가 유일한 길이라고?

요즘 사회, 문화의 전반적인 영역에서 기독교의 배타성을 비판하는 분위기가 물살을 타고 있습니다. 대중 매체에서 기독교인들은 자기와 다른 문화를 가진 사람들을 싫어하고 배척하는 집단으로 묘사되고, 역사적으로는 제국주의에 정당성을 부여한 이데올로기라고 해석됩니다. 초연결시대를 살아가는 다음 세대는 이런 문화적 흐름을 누구보다 잘 알고 있습니다. 다양한 곳에서 다양한 문화와 종교 속에서 살아가는 사람들과 순식간에 소통하고 대화하는 상황에서 '나는 맞고 너는 틀렸다'라는 태도는 대화를 끊어지게 하고 관계를 어색하게 만듭니다. 예수님만이 유일한 구원의 길이라는 기독교의 요구는 현대 문화에서 환영받지 못합니다. 이럴 때 저는 다음과 같이 이야기합니다.

산 정상으로 도달하는 길은 다양합니다. 사람들은 구원의 길도 이처럼 다양한 방식으로 갈 수 있다고 주장합니다. 그래서 기독교인들이 예수님만이 유일한 길이라고 주장하는 것은 편협한 사상이라고 합니다. 실제로 산의 정상으로 가는 길은 동쪽 길, 서쪽 길, 어려운 길, 쉬운 길 등 여러 가지 등산 코스가 있지요. 그런데 혹시 세상에서 가장 높은 산인 에베레스트산을 등반하는 코스가 몇 가지인지 아시나요? 크게 세 가지 코스가 있다고 합니다. 다른 방법으로 가기에는 산이 너무 위험해서 정해진 길로만 가야 한다는 것이지요. 이와 같이 산이 높으면 높을수록, 험하면 험할수록, 이론적으로 등반 가능한 길은 많을지 몰라도, 실제적으로 사용 가능한 길은 적기 마련입니다.

그렇다면 하나님은 무한하시고 거룩하신 분이시기 때문에, 하나님의 산에 올라가는 길은 무한히 어려울 수밖에 없을 것입니다. 아니, 그 산에 올라가는 길은 존재하지 않을 것입니다. "모든 사람이 죄를 범하였으매 하나님의 영광에 이르지 못하더니"(롬 3:23)라는 구절도 이런 맥락에서 이해할 수 있습니다.

예수님이 유일한 분이 되시는 이유는, 그분만이 그 산에서 내려오신 분이시기 때문입니다. 에베레스트산을 등반할 때도 그 산의 원주민 '셰르파'라는 분들의 도움을 받는다고 합니다. 그들은 그 산에서 태어나고 자랐기 때문에 산의 지리와 주의 사항들을 잘 알고 있습니다. 예수님은 우리가 하나님께로 갈 수 있는 길이 하나도 없는 것을 불쌍히 여기시고 친히 산 정상에서 내려오셔서 산기슭에서 우리를 만나 주신 분입니다. 바로 그분이 행하신 일들을 믿고 의지하여 걷는 것이 그 산을 오르는 유일한 길입니다.

이 시대에 만연한 종교적 다원주의를 표방하는 많은 분이 "산의 정상으로 가는 길은 여러 가지가 있다"라고 할 때 '산'이라는 모티브로 이렇게 대화를 이어갈 수 있습니다. 이들은 기독교가 작위적인 기준을 두고 그 기준에 도달하지 못하는 사람들은 배제하는 오만함을 가졌다고 오해합니다. 그에 대한 대답으로서 이 이야기의 핵심은 구원을 성취하는 것은 불가능하다는 것입니다. 기독교의 기준은 그저 몇몇 사람이 모여서 입을 맞추어 만들어낸 기준이 아니라, 하나님이 누구신지에 따른 기준이라는 것입니다.

대화를 나누는 상대방이 성경에 대한 지식이 있는 분이라면 성경에 나오는 시내산 이야기를 할 수도 있습니다.

> **11** 준비하게 하여 셋째 날을 기다리게 하라 이는 셋째 날에 나 여호와가 온 백성의 목전에서 시내 산에 강림할 것임이니 **12** 너는 백성을 위하여 주위에 경계를 정하고 이르기를 너희는 삼가 산에 오르거나 그 경계를 침범하지 말지니 산을 침범하는 자는 반드시 죽임을 당할 것이라 출 19:11-12

거룩한 하나님의 임재가 있는 그 산을 침범하는 자에게 준비되어 있는 것은 죽음밖에 없습니다. 하지만 우리가 당해야 할 그 죽음을 하나님이신 예수님이 당하셨습니다. 그가 우리의 죄의 값을 감당하셨습니다. 그러므로 예수님만이 우리 구원의 유일한 길이십니다. 만약에 당신이 친구의 핸드폰을 잠시 빌렸다가 실수로 땅에 떨어뜨려 박살을 냈다고 생각해 봅시다. 친구는 당신을 용서해 주고 싶지만, 핸드폰도 필요합니다. 그렇다면 옵션은 두 가지가 있습니다. 당신에게 수리비를 요구하거나, 본인이 그 값을 지불해야 합니다.

하나님은 죄인 된 우리를 대가 없이 용서해 주실 수 없습니다. 하나님은 공의로우시므로 죄를 심판하셔야 하기 때문입니다. 하지만 우리는 그 죄의 값을 감당할 수 없습니다. 죄의 형벌은 파괴한 것의 가치에 따라 결정되기 때문입니다. 천억 원의 회삿돈을 횡령한 사람은 편의점에서 이천 원짜리 과자를 훔친 사람보다 큰 벌을 받아야 합니다. 당신이 망가뜨린 핸드폰이 어떤 브랜드의 어떤 모델인지에 따라 치러야 하는 값이 달라지는 것처럼 말입니다.

우리의 죄는 하늘과 땅의 모든 권세를 지니신 왕에게 반역한 것입니다. 이것은 무한한 가치를 지닌 이 세상의 창조자이신 하나님을 모욕하는 것이기 때문에 그 죗값 또한 무한합니다. 그래서 예수님은 죄인의 모습을 만 달란트를 빚진 종으로 빗대어 설명하셨습니다(마 18:23-35). 그런 빚을 진 사람이 유일하게 할 수 있는 것은 자비를 구하며 엎드리는 일밖에 없습니다. 하나님은 우리를 사랑하셔서 용서해 주기를 원하십니다. 그래서 그 값을 우리에게 요구하지 않고 본인이 감당하기로 결정하셨습니다. 그것이 바로 예수님의 십자가 은혜입니다. 무한한 가치를 지닌 그의 죽음이 우리 모두의 죄의 값을 치를 수 있습니다. 인간이 예수님의 필요성을 느끼지 못하는 이유는 자신의 죄의 심각성을 모르거나 죄와 그 결과를 스스로 해결할 수 있다고 믿기 때문입니다. 산을 오를 수 있는 길이 많다고 생각하는 이유는 그 산을 동네 뒷산 정도의 높이로 알고 있기 때문입니다. 그런 근본적인 오해를 풀어 주는 것이 복음의 메시지를 명확하게 전달하는 데 큰 도움이 됩니다.

다양한 종교를 믿는 사람들이 공존하는 사회에서 함께 더불어 살 때 쉽게 빠지는 함정은 '모두가 다 옳다'라는 것입니다. 결국 모든 종교가 같은 신을 믿고 있고, 서로 사랑하며 살라는 적용점이 있지만, 역사적, 문화적 차이점 때문에 다른 것처럼 느껴지는 것이라는 주장입니다. 이런 주장을 펼치는 분들 중에는 다음과 같은 이야기를 사용하기도 합니다. 나면서부터 시각장애인이었던 사람들에게 처음으로 코끼리를 만져볼 기회가 생겼습니다. 한 명은 코를 만진 후 코끼리는 뱀과 같이 길고 유연한 동물이라고 하였고, 다른 한 명은 다리를 만지더니 나무 기둥처럼 단단하고 큰 동물이라고 여겼습니다. 또 다른 사람들은 코끼리의 다른 면을 만지고 그에 상응하는 느낌을 받았습니다. 모두들 같은 코끼리를 만졌지만, 어떤 부위를 만지느냐에 따라서 전혀 다른 결론을 도출한다는 것이고, 종교 또한 그렇다는 것입니다.

하지만 여기서 맹점은 이야기를 전달하는 사람이 시각장애인이 아니라는 점입니다. 세상의 모든 종교가 진정한 진리의 단면만 본다고 주장할 수 있는 사람은, 그 어떤 종교도 알 수 없는 진짜 진리를 알고 있다는 오만함을 보여 줍니다. 그리고 만약 그가 진정한 진리를 안다면, 어떻게 그 진리를 찾았는지 설명해 주는 것은 그가 짊어진 입증의 책임입니다.

또한 모든 세계관이 옳다고 생각하시는 분들에게는 몇 가지 질문들을 사용하여 그들이 진정으로 그것을 믿는지 점검해 볼 수 있습니다.

A 모든 종교가 옳다고 하셨는데, 성경에 보면 고대 중동에서는 자기 자식들을 우상에게 제물로 바치는 종교가 있었다고 합니다. 혹시 그 종교도 옳다고 생각하시나요? 교주에게 성적으로 착취당하는 사이비 종교 또한 옳다고 생각하진 않으시겠지요?

B 당연하지요. 그런 종교는 옳다고 생각하지 않아요.

A 그렇다면 선생님도 자신의 '기준'으로 어떤 종교는 배제하시는 거네요?

B 그렇죠.

A 그런 것처럼 기독교도 하나님께서 말씀하신 '기준'으로 다른 종교를 배제한다고 생각할 수 있습니다. 그 기준이 무

엇인지에 따라서 배제하는 정도가 달라지는 것이겠지요.

이 질문들의 핵심은 우리 모두가 결국에는 자신의 기준으로 어떤 것은 수용하고 다른 것은 배제함을 깨닫게 하는 것입니다. 이는 우리 모두가 가진 가치 판단 체계이고, 그런 면에서 기독교도 다른 점이 없다는 것입니다.

그리고 다른 종교에 관한 배타성을 문제 삼는 것 자체가 종교를 개인적인 취향으로 여기는 것입니다. 그 누구도 추락하는 비행기 안에서 산소마스크를 쓰라는 안내를 폐소 공포증을 겪는 사람들을 배려하지 않는 배타적인 조치라고 생각하지 않을 것입니다. 다른 종교인들의 믿음과 논리를 진정으로 존중하는 사람만이 그들이 틀렸다고 말할 수 있습니다. 그들이 잘못된 길로 가는 것을 보기 때문입니다.

> **18** 가령 내가 악인에게 말하기를 너는 꼭 죽으리라 할 때에 네가 깨우치지 아니하거나 말로 악인에게 일러서 그의 악한 길을 떠나 생명을 구원하게 하지 아니하면 그 악인은 그의 죄악 중에서 죽으려니와 내가 그의 피 값을 네 손에서 찾을 것이고 **19** 네가 악인을 깨우치되 그가 그의 악한 마음과 악한 행위에서 돌이키지 아니하면 그는 그의 죄악 중에서 죽으려니와 너는 네 생

명을 보존하리라 겔 3:18-19

'모든 종교는 옳다'라는 자세는 어린아이들이 마법사 모자를 쓰고 빗자루를 타고 노는 것을 바라보는 '어른'들의 자세입니다. 상상 속에서 지팡이를 휘두른다고 해서 진짜로 불이 나가서 화단을 태워 버리지 않기 때문에 아이들을 말릴 필요가 없습니다. 지금 이야기해 보아도 어차피 알아듣지도 못할 테니 나이가 들어서 스스로 깨닫게 한다는 것입니다.

기독교인들을 배타적이라고 비판하는 세상 사람들은 종교인들을 합리적인 사고가 불가능한 어린아이처럼 바라보는 오만함을 숨기고 있습니다. 그와 반대로 우리는 이 땅에서의 삶이 끝이 아님을 알기에, 우리가 무엇을 믿고 신뢰하는지에 따라서 하나님의 심판의 결과가 바뀐다는 것을 알기에, 다른 종교와 세계관을 믿는 사람들을 보고 안타까워하며 예수님의 복음을 전합니다. 그들이 가던 길을 떠나 이 길로 돌아와야 구원을 받을 수 있다고 전하는 것입니다. 그렇기에 배타적이라고 비판받는 크리스천의 자세는, 오히려 우리와 다르게 생각하는 이들을 존중하고, 그들이 합리적인 사고를 바탕으로, 성령님의 도우심으로, 하나님께 돌아올 수 있다고 믿는 겸손과 포용의 자세입니다.

젊은 세대의 오해 2:
기독교의 기준은 작위적이다

최근 몇 년간 '공정'이라는 키워드가 큰 관심을 끌었습니다. 대중 매체에 나오는 연예인들은 큰 잘못을 저질러도 종종 솜방망이 법적 처벌을 받곤 합니다. 국회의원이나 권력자들도 마찬가지입니다. 또한 환경 보호나 양성평등, 미혼모 보호 같이 사회적 정의를 지키기 위한 제도적 장치는 부족하기도 하지만 의도대로 작동하지도 않습니다. 법이 만들어지는 과정과 집행되는 과정에서 국민의 의심과 오해만 쌓여 갑니다. 이런 시선은 외부에서 하나님을 바라볼 때도 적용됩니다. '신이라는 존재는 자기 편의대로, 자기 마음대로 작위적인 선을 그어 놓고 인간에게 순종을 요구하는 것은 아닐까?', '그리고 교회는 그 작위적인 선을 이용해서 자기와 동의하지 않는 사람들을 죄인으로 규정하고 판단하는 것은 아닐까?' 이것은 순진한 사람들의 공포를 이용해서 자신의 유익을 얻으려는 장사꾼들의 전략처럼 느껴집니다.

세상의 창조자이자 주관자이신 하나님께서 이 땅을 합리적으로 치리하는 데 사용하시는 규칙, 그리고 그 규칙을 어기는 우리의 모습을 설명할 때 저는 다음과 같은 이야기를 사용

합니다.

가전제품을 구입하면 사용자 매뉴얼을 줍니다. 전자레인지 사용 설명서에는 금속 물질을 넣고 작동하지 말라는 문장이 있습니다. 만약 당신이 실수로 금속 포크를 넣고 전자레인지를 돌렸다고 생각해 봅시다. 그런데 놀랍게도 전자레인지의 제조사 직원이 전화를 걸어서 이렇게 이야기합니다. "손님, 사용 설명서에 분명히 금속 물품을 넣지 말라고 안내해 드렸습니다. 그런데도 그 경고를 무시하셨으니 5초 후에 전자레인지를 폭파시키겠습니다. 5~ 4~ 3~."

물론 이런 일은 일어나지 않습니다. 경고 문구의 기록 목적은 그 제품의 작동 원리를 가장 잘 아는 제조사가 그 제품이 매뉴얼대로 활용되지 않으면 위험할 수 있다는 것을 구매자에게 안내해 주는 것입니다. 하나님께서는 우리를 창조하신 분이십니다. 그래서 우리를 가장 잘 아십니다. 하나님께서 우리에게 어떤 것이 죄라고 알려 주시는 이유는 우리가 그 행위를 하면 잘못될 것을 아시기 때문입니다. 그저 작위적이고 비합리적인 규칙들을 만들어 놓고 그것을 지키지 않으면 심판해 버리는 하나님에 관한 이미지는 오해의 산물입니다.

이 이야기는 기독교의 핵심 진리에서 말하는 것처럼 하나님께서 세상을 창조하셨다면(전자레인지의 제조사), 그리고 하나님께서 자신의 뜻을 우리에게 알려 주셨다면(전자레인지 사용 설명서), 그 뜻을 이해하는 해석의 프레임을 설명해 줍니다. 하나님께서는 세상과 우리를 만드셨기 때문에, 우리가 어떻게 해야 만들어진 목적대로 잘 살아갈 수 있을지 알고 계십니다. 그리고 그 방법을 성경으로 우리에게 알려주셨습니다. 우리에게 하나님을 사랑하라고 하신 것은, 우리가 하나님을 사랑할 때만 진정으로 만족할 수 있기 때문이고, 우리에게 용서하라고 하신 것도 우리가 그렇게 함으로써 진정한 평안을 얻을 수 있기 때문입니다.

이는 자신의 유익만을 바라보고 살아야 한다는 뜻이 아닙니다. 예수님께서 우리를 위해서 십자가를 지시고 죽으셨지만 그것이 결국에는 자기에게 큰 기쁨이 되셨던 것처럼(히 12:2) 우리 또한 하나님의 뜻이 무엇인지 깨닫고 그에 맞게 행동할 때 결국에는 진정한 기쁨을 얻을 수 있습니다. 또한 예수님의 가치는 그 무엇보다 뛰어나기 때문에 예수님을 얻는 기쁨을 위해 다른 모든 것을 버릴 수 있다는 뜻입니다.

> 천국은 마치 밭에 감추인 보화와 같으니 사람이 이를 발견한 후 숨겨 두고 기뻐하며 돌아가서 자기의 소유를 다 팔아 그 밭을 사느니라 마 13:44

물론, 성경에 따르면 하나님께서는 능동적으로 악을 미워하시고 심판하십니다. 기독교의 하나님은 이신론의 신이 아닙니다. 세상을 창조했지만 역사에 개입하는 것을 멈춘 분이 아닙니다. 하나님은 이스라엘 백성들의 삶 가운데 기적적인 사건들로 개입하셨고, 결국에는 구원 역사의 하이라이트로서 예수 그리스도를 역사 속에 보내심으로 죄의 문제를 단번에 해결하셨습니다. 또한 지금도 성령님을 통해서 하나님의 역사를 이어가십니다. 다시 예수님이 오실 때 모든 악은 심판을 받고 이 땅에 하나님의 나라가 이루어질 것입니다.

그러므로 전자레인지 이야기를 들려줄 때는 하나님이 창조하셨지만 역사에 개입하시지 않는다는 식으로 이해되지 않도록 주의가 필요합니다. 이 이야기의 핵심은 하나님의 규칙은 임의적이거나 독단적이지 않다는 것입니다. 창조자의 규칙은 피조물을 위한 합리적 안배입니다. 코넬리우스 플랜팅가 Jr.(Cornelius Plantinga Jr.) 교수는 이렇게 말합니다. "하나님이 죄를 미워하시는 것은 그것이 단지 하나님의 규율을 어기는 것이기 때문이 아니다. 더 중요한 이유는 죄가 샬롬을 위반하고, 평화를 깨뜨리며, 마땅한 질서를 방해하기 때문이다."²

또한 죄라는 주제로 대화를 나눌 때는 이것이 일방적인 선포가 아니라 대화라는 사실을 다시 한 번 기억해야 합니다. 예를 들어 동성애적 행위를 살펴볼까요? 동성애적 행위가 죄라는 것, 다시 말하면 우리가 창조된 질서에 상응하는 행위가 아님을 보여 주기 위해서는 다음 세 가지 전제를 차례대로 논증해야 합니다.

1. 세상을 창조한 신이 존재한다는 것
2. 신이 성경이라는 매개체를 통해 우리에게 가장 선한 자신의 뜻을 나타내셨다는 것
3. 성경이 동성애적 행위를 죄라고 규정한다는 것

(예: 롬 1:25-26, 고전 6:9)

각 전제는 충분한 철학적, 신학적, 해석학적 논증들이 있으니 대화하는 상대방의 구원 여정의 단계에 따라서 지혜롭게

---

2 Not the way it's supposed to be: A breviary of sin, Cornelius Plantinga Jr. Eerdmans Publishing, page 14: "God hates sin not just because it violates his law but, more substantively, because it violates shalom, because it breaks the peace, because it interferes with the way things are supposed to be."

나누면 됩니다. 여기서 중요한 부분은 그 사람이 현재 가진 생각에 맞게 나누어야 한다는 것입니다. 하나님이 존재하심을 믿지 않는 사람에게 성경이 하나님의 말씀이라고 말하는 것, 그리고 아직 성경을 하나님의 말씀으로 믿지 않는 사람에게 성경이 동성애적 행위를 죄라고 규정한다고 주장하는 것은, 대화가 아니라 독백입니다. 그들이 무엇을 믿는지 먼저 경청하고 공감대를 형성해야 합니다.

하지만 굳이 우리의 논리가 옳음을 증명하는 것이 아니라 전제들을 하나씩 풀어서 설명하고, 위의 이야기를 사용해서 하나님께서 주신 규칙의 내부적 합리성을 설명하는 것만으로도 예수님을 소개하는 다음 스텝으로 가기에 충분합니다. 그들은 '기독교에 따른' 하나님의 모습이 비합리적이라고 오해합니다. 또한 그런 하나님의 뜻을 맹신하고 따르는 기독교인들이 비이성적이라고 합니다. 그들의 생각을 듣고, 대화를 나눌 때 그 오해가 풀리고 기독교인들에 대한 그들의 마음이 열립니다.

우리의 궁극적인 목적은 동성애적 행위가 죄라는 것을 설득시키는 것이 아니라 우리 모두가 묶여 있는 죄의 사슬에서 우리를 구원하실 분은 예수님뿐임을 알리는 것에 있습니다. 그리고 죄에 관하여 그들의 오해를 풀어 주는 것은 복음을 전하기 전 마음을 경작하는 과정임을 기억해야 합니다. 죄에 대한 올바른 이해는 구원에 이르게 하는 회개와 믿음의 필수 조건이기 때문입니다.

또한 상대방의 마음이 부드러워지도록 하는 데에는 그 내용만큼이나 전달 방법도 중요합니다. 어떤 죄이든지 죄에 관한 대화는 조심스러워야겠지만 특별히 동성애적 행위에 관한 대화는 더욱 그렇습니다. 성 '정체성'이라는 말에서 알 수 있듯이 이 정체성은 자기 존재를 부인하는 영역이기 때문입니다. 도박을 하는 사람에게 도박을 하지 말라는 것, 도둑질을 하는 사람에게 도둑질을 하지 말라는 것은 표면적으로 그 행위를 금지하는 것처럼 느껴지지만, 동성애가 자신의 정체성이라고 생각하는 사람에게 동성애적 행위가 죄악이라고 말해 주는 것은 자기 존재의 근원을 부인하는 아픔이 동반됩니다.

젊은 세대와 달리 기성세대 중에는 주변에서 동성애적 행위를 자기 삶의 방식으로 선택하거나 그것을 공공연하게 드러내는 분들이 많지 않을 것입니다. 그래서 기성세대가 그들에 대해 이야기할 때 젊은 세대는 비인격적인 공격으로 느낀다고 합니다.

> 거기에는 헬라인이나 유대인이나 할례파나 무할례파나 야만인이나 스구디아인이나 종이나 자유인이 차별이 있을 수 없나니 오직 그리스도는 만유시요 만유 안에 계시니라 골 3:11

이천 년 전, 폐쇄적이고 차별적인 세상을 향해 극단적인 포용과 통합의 메시지가 폭탄처럼 던져졌습니다. 예수님은 유대인으로 이 땅에 오셨지만 유대인들이 배척하던 사마리아 사람들을 사랑하시고(요 4:40), 서기관들보다 더 뛰어난 권위를 지니셨지만(마 7:29), 사회적으로 소외된 나병환자를 고치시고(눅 17:11-19) 세리와 죄인들의 친구가 되셨습니다(마 11:19). 당시 법정에서 증인으로 설 수도 없었던 여인들에게 가장 먼저 부활의 소식을 알리셨고(막 16:1-11) 사람들이 하찮게 여기던 아이들을 안고 안수하고 축복하신 분이(막 10:16) 우리가 믿는 예수님입니다. 그리고 그 예수님의 사랑을 먼저 받은 우리는 예수님께서 하신 것처럼 차별 없이 그 사랑을 나눌 의무가 있습니다. 에티오피아 내시에게 복음을 전한 빌립(행 8:26-40), 자신을 가두었던 죄수장에게 복음을 전한 바울처럼(행 16:29-32) 행해야 합니다.

예수님께서 어부였던 사람들을 부르시니 그들이 아버지와 그물과 배를 버려두고 예수님을 따랐습니다(마 4:18-22). 성경을 하나님의 말씀으로 인정하지 않는 사람에게 '성경에서 말하니까 동성애적 행위는 죄야'라고 설득하는 것은 '맨땅에 헤딩' 하는 것과 같습니다. 하지만 밭에 숨겨진 보화를 발견한 사람에게는 '가진 것을 다 팔아서 밭을 사야 해'라고 설득할 필요가 없습니다. 발견한 순간 자기의 모든 것을 버리고 보화를 차지하려는 마음을 먹기 때문입니다. 그것이 자기가 가장 중요하다고 여겼던 '정체성'이라고 할지라도 말입니다.

이제 이 장을 마무리하고자 합니다. 하나님께서 그의 기준으로 우리를 다스리시는 것은 치사하거나 작위적인 것이 아니라 당연한 일입니다. 우리를 창조하신 하나님께서 우리에게 필요한 선한 것이 무엇인지를 가장 잘 아시기 때문입니다. 그러므로 그의 뜻을 따를 때 우리는 창조된 목적에 꼭 맞게, 행복하게 살아갑니다. 우리가 그 길을 알지 못해 방황하고 있을 때 우리를 기억하고 측은히 여기셔서 자기 아들을 보내기까지 하신 그 사랑을 통해서 우리는 그의 거룩한 뜻을 알게 되었습니다. 그 사랑을 먼저 받은 자들로서 아직 예수님을 모르는 자들에게 겸손함과 넓은 마음으로 다가가기를 멈추지 않는 우리가 되기를 기도합니다.

젊은 세대의 오해 3:
확신이 없어요

저는 결혼을 일찍 한 편이라 이런 질문을 꽤 받습니다. "언제 이 사람이라고 확신이 들었어?" 그러면 드라마에 나올 법한 멋진 대사를 기대하는 그들의 마음을 모른 척하고 이렇게 대답합니다. "확신 없었어."

경제 공황, 팬데믹, 주거의 불평등, 인공지능의 무분별한 발전, 전쟁과 기후 위기, 한 치 앞도 예측할 수 없는 불확실한 세상 가운데 우리는 확실한 것을 찾습니다. 최근 젊은 세대 사이에서 MBTI라는 성격유형검사가 유행합니다. 이는 아무것도 확신할 수 없는 세상에서 자신을 보다 명확하게 나타내 주는 것 같아서 매력적으로 느껴졌을 것입니다. 그리고 이런 마음은 신앙에도 적용됩니다. "나는 아직 마음에 확신이 서지 않아"라는 말들로 복음의 메시지를 거부하는 분들에게는 다음과 같은 이야기를 들려줄 수 있습니다.

당신은 아침에 일어나서 날씨 앱을 확인합니다. 날씨 예보는 오늘 천둥과 번개가 칠 확률이 80%라고 알립니다. 그래서 창문 밖을 바라보니 해는 빛나고 구름 한 점 보이지 않습니다. 그러면 출근 준비를 하면서 우산을 챙길지 고민합니다. 괜히 챙겼다가 비가 오지 않으면 귀찮게 하루 종일 우산을 들고 다녀야 하겠지만, 만약 비가 온다면 안전할 테니까요. 이처럼 우리 삶에는 '확신'이 주어지지 않을지라도 선택을 해야 할 때가 많습니다. 그것을 믿을 만한 증거가 있는지, 그것을 선택했을 때 어떤 결과를 맞이할지, 선택하지 않았을 때는 어떤 일이 벌어질지 예상하고, 판단하고, 행동합니다.

삶에서 우리가 해야 할 선택은, 하나님이 존재하심을 인정하고 사느냐 아니면 하나님이 존재하지 않는다고 생각하며 사느냐 하는 것입니다. 철학적 고찰이 이성적 확신을 주지 못할 수도 있습니다. 세상에는 아주 똑똑한 크리스천도 있고, 무신론자도 있습니다. 예배 자리에 앉아 있다고 해도 감정적으로 확신에 도달하지 못할 수도 있습니다. 뜨겁게 찬양을 하고, 경건한 미사를 드리던 종교인들도 믿음을 저버리곤 하잖아요. 하지만 종합적으로 보았을 때 하나님이 존재한다는 증거가 하나님이 존재하지 않는다는 증거보다 더 많다면, 하나님을 선택하는 것이 합리적인 선택입니다. 영생을 얻을 수 있기 때문입니다.

이 이야기는 파스칼의 '내기'라는 철학적 논법을 현대적으로 재해석한 것입니다. 프랑스의 수학자이자 철학자였던 블레즈 파스칼은 모든 인간은 하나님이 존재하느냐 존재하지 않느냐는 질문으로 자신의 삶을 걸고 내기를 하는 중이라고 주장했습니다. 인간의 지성으로는 하나님의 존재에 대한 의문을 해결할 수 없지만, 우리 모두는 이 내기를 해야만 합니다. 하나님이 존재하지 않는다면 하나님을 선택하든지 거부하든지 잃는 것이 없고, 하나님이 존재할 때는 하나님을 선택했다면 영생을 얻을 수 있으니 하나님을 선택하는 것이 당연하다는 논법입니다.

사실 파스칼의 논법은 현대 기독 변증가들이 자주 사용하는 방법은 아닙니다. 파스칼이 살던 17세기 유럽과는 다르게 현대에 와서는 종교의 다양성이 당연시되었기에 하나님이 계신다, 안 계신다의 이분법적 내기가 아니라 다른 모든 종교가 틀렸고 기독교만 옳다라는 내기가 되었기 때문입니다. 그렇다면 인정받은 종교의 숫자만큼 기독교가 옳다는 확률이 낮아집니다. 물론 종교들의 합리성과 신빙성이 동일하다는 가정하에 말입니다.

제가 공부하고, 이해하고, 경험한 기독교 핵심 진리의 내부적 합리성과 외부적 일치성은 다른 종교와 동등한 레벨이 아닙니다. 기독교의 핵심 진리는 다른 종교와 비교해서 우주의 근원과 객관적 도덕 가치의 존재, 나사렛 예수의 부활 사건, 인간의 끝없는 인정 욕구, 세상의 부조리함 가운데에서도 가질 수 있는 소망의 이유, 이 모든 것을 설명하는 데 탁월합니다. 또한 성령님께서 우리 안에 계시며 하나님의 존재를, 그리고 우리가 하나님의 자녀가 되었음을 증거하십니다. 이것은 믿는 자들에게 확신을 줍니다.

회사원이 직장에 출근을 하지 않는 것은 옵션이 아닙니다. 무단결근으로 상사에게 지도 교육을 받고 싶지 않다면 말이지요. 우산을 가져갈지 아닐지는 선택 사항입니다. 예수님을 따르는 것에 대한 선택도 마찬가지입니다. 우리 모두가 죽음을 맞이하게 될 것입니다. 그것은 긴 시간 이후가 될 수도 있지만 당장 내일이 될 수도 있습니다. 그날이 찾아왔을 때 우리는 우리가 내린 결정에 따라 심판받을 것입니다. 아직 믿지 않는 이들, 그리고 특히 젊은 세대가 가진 맹점은, 자기에게 선택할 수 있는 시간이 많다고 생각하는 것입니다.

또한 하나님을 선택했을 때 잃는 것이 없다는 파스칼의 말과는 달리 세상 사람들은 기독교인이 되면 포기해야 하는 것들이 너무 많다고 생각합니다. 성적 자유, 세속적 습관들, 돈과 성공을 최우선으로 좇는 가치관과 생활양식을 포기하고 예수님의 길로 따라가야 한다는 것이 큰 부담으로 다가옵니다. 하지만 이런 고민을 하는 분들을 만난다면, 계속해서 고민하도록 격려해 주시길 바랍니다. 이런 고민을 하는 사람들은 믿는 자들보다 오히려 예수님의 말씀을 더 잘 이해하기도 합니다.

> ²⁸ 너희 중의 누가 망대를 세우고자 할진대 자기의 가진 것이 준공하기까지에 족할지 먼저 앉아 그 비용을 계산하지 아니하겠느냐 ²⁹ 그렇게 아니하여 그 기초만 쌓고 능히 이루지 못하면 보는 자가 다 비웃어 ³⁰ 이르되 이 사람이 공사를 시작하고 능히 이루지 못하였다 하리라 `눅 14:28-30`

그들이 예수님을 바라본다면 자연스럽게 예전 삶을 버리고 그의 길을 따르게 될 것임을 우리의 경험을 통해서 알 수 있습니다.

> 천국은 마치 밭에 감추인 보화와 같으니 사람이 이를 발견한 후 숨겨 두고 기뻐하며 돌아가서 자기의 소유를 다 팔아 그 밭을 사느니라 `마 13:44`

이 말씀에서는 밭에 감추인 보화를 발견한 사람이 그 보화와 자기가 이미 가진 소유의 가치가 얼마나 차이가 나는지 오랫동안 비용 편익 분석을 했다고 기록되어 있지 않습니다. 그는 보화를 발견하자마자 자기 모든 소유를 다 파는 데 주저함이 없었습니다. 예수님의 진정한 가치를 알면 자기 삶의 어떤 즐거움과 쾌락이라도 버릴 수 있습니다.

제가 결혼을 준비할 때 인생 선배들이 이렇게 조언을 해 주었습니다. "혼자일 때가 좋다", "결혼, 최대한 늦게 해라", "결혼하면 묶여 산다." 물론 결혼하면 몇 가지 행동에서 구속받는 부분이 있습니다. 이성 친구들을 만난다거나, 친구들과 늦은 시간까지 놀면서 집을 비울 수 없습니다. 하지만 결혼을 하면 다른 사람에게 인정받고자 하는 굴레에서 자유롭게 됩니다. 더 이상 모든 사람에게 잘 보이려고 노력하지 않아도 되고, 나를 사랑해 주는 아내 한 명에게 받은 사랑을 배로 돌려주며 행복하게 사는 것에 집중합니다.

제가 대학원생일 때 스트레스성 폭식으로 인해 체중이 갑자기 많이 불었습니다. 비만이 건강에 좋지 않다는 것은 알았지만 다이어트는 쉽지 않았고, 주변 사람들이 살이 많이 쪘다고 지나가듯 툭 던지는 말들에 자존심이 많이 상했습니다. 하지만 살을 빼야겠다는 동기 부여가 아니라 수치심과 분노가 더 크게 올라왔습니다. 지금은 아내가 된 그 당시 여자 친구와 평소처럼 데이트를 하다가 무심코 들어간 약국에서 건강 진단기를 보았습니다. 약사에게 몇 가지 질문들에 대답을 하고 몸무게와 혈압을 재니 당뇨에 걸릴 확률이 아주 높게 나왔습니다. 저는 변함없이 제 곁을 지켜 준 여자 친구와 결혼도 하고 오랫동안 행복하기를 바라는 마음에 다이어트를 시작했고, 지금도 열심히 유지 중입니다. 그때는 먹고 싶은 것을 포기하고, 열심히 운동하는 것이 전혀 희생으로 느껴지지 않았습니다. 물론 농담으로 하시는 말씀이었겠지만 결혼 생활이 구속이라고 하시는 분들은 조건 없는 사랑이 주는 안정감과 편안한 자유를 느끼셔야 할 것입니다.

그리고 예수님과의 관계는 행복한 결혼 생활보다 더한 자유를 줍니다. 우리가 이미 죄인 되었을 때에 예수님을 우리 대신 죽게 하심으로 자기의 사랑을 확증하신 하나님으로 인해 우리는 다른 사람의 인정에 목마를 필요가 없습니다. 일시적인 쾌락을 가장하여 우리의 삶을 속박하는 죄의 권세는 복음의 능력으로 힘을 잃어버립니다. 그러므로 예수님을 선택하여 세상의 것들을 포기한다는 것은, 단순히 미래의 더 나은 것을 위해 고난을 참는 것이 아니라, 현재 우리의 삶을 속박하는 삶의 짐들을 벗어 버리는 행위입니다.

파스칼의 논증의 제한성 때문에 저는 날씨 예보와 우산을 기독교 진리에 대입해 보았고, 성령 하나님의 감동을 느꼈지만 아직 '확신'이 없어서 예수님을 믿는다고 표현하기를 망설이는 사람들에게 들려주곤 합니다. 안타깝게도 많은 사람이 구원의 확신을 오해합니다. 우리는 믿음으로 구원받습니다. 확신으로 구원받지 않습니다. 구원의 확신은 예수님을 신뢰하고 그를 따르는 자들에게 주어지는 선물입니다. 구원이 불확실한 우리의 마음에 달린 것이 아니라 확실하신 예수님의 행위에 달려 있기 때문에 우리는 구원에 대한 확신을 가질 수 있는 것입니다.

추운 겨울날, 강이 꽁꽁 얼어붙었다고 상상해 봅시다. 한 사람이 그 얼어붙은 강 위를 확신에 찬 걸음걸이로 걸어갑니다. 그 강은 꽁꽁 얼어붙었기 때문에 그 사람의 무게를 거뜬히 견딜 수 있습니다. 우리의 확신의 정도는, 얼음의 강도에 영향을 주지 않습니다. 확신에 차 달리든지, 의심과 두려움에 사로잡혀 천천히 한 걸음씩 걷든지 상관 없이 그 얼음의 단단함 덕분에 강을 건너갈 수 있습니다. 우리의 확신을 믿는 것이 아니라, 예수님의 확실함을 믿어야 합니다. 『천로역정』에서 주인공 크리스천은 죽음의 강에서 의심에 사로잡혀서 고생하지만 결국 구원받습니다. 그러나 '헛된 확신'을 믿고 평안한 마음으로 죽음의 강을 건너간 사람은 결국 심판의 길로 들어섭니다.

전도자로서 우리는 아직 믿지 않는 이웃들에게 내 확신이 아니라 확실한 것을 믿도록 해야 합니다. 살면서 매번 확신에 차서 결정하고 행동할 수 없을 것입니다. 예수님을 따르는 우리의 걸음도 마찬가지입니다.

> 곧 그 아이의 아버지가 소리를 질러 이르되 내가 믿나이다 나의 믿음 없는 것을 도와 주소서 하더라 막 9:24

귀신 들린 아이를 둔 아버지의 고백처럼 믿음 없음을 도와 달라고, 불쌍히 여겨 달라는 기도 또한 예수님께 향할 때는 믿음의 표현이 됩니다. 우리 마음에 확신이 없을지라도 예수님은 확실하다는 것, 그것이 바로 좋은 소식, 복음입니다.

젊은 세대의 오해 4:
기독교는 비과학적이고 비합리적이다

호주의 한 단체가 실시한 설문 조사에 따르면 자신이 무종교인이라고 답한 사람들의 절반은 "과학적이고 근거가 있는 세계관을 선호한다"는 것이 그 이유였습니다.[3] 이것을 다른 관점으로 보면 많은 사람이 종교는 과학적이지 않고 근거가 없는 세계관이라고 생각한다는 뜻입니다. 저명한 진화생물학자이자 불가지론적 무신론자인 리차드 도킨스의 『만들어진 신』을 위시하여 몇몇 영향력 있는 과학 커뮤니케이터들이(예: 닐 디그래스 타이슨, 칼 세이건) 대중 매체를 통해 노골적으로 신의 존재를 인정할 수 없다고 주장하는 것을 봅니다. 과학과 종교는 화합할 수 없다는 문화적 인식에 영향을 받은 것 같습니다. 이런 오해는 개인적으로도 많이 경험했는데, 생화학 박사 과정을 이수할 당시 친구들로부터 어떻게 과학을 공부하면서 종교심을 가질 수 있느냐는 질문들을 받기도 했습니다.

그러나 대중적인 의견과는 달리 종교와 과학은 진리를 추구한다는 점에서 공통점이 있습니다. 그리고 진리를 도출해 내는 방식 또한 비슷합니다. 과학은 현상을 관찰하고, 그것을 설명할 수 있는 가설을 설립합니다. 그 후 이미 가진 지식을 바탕으로 그 가설을 실험합니다. 실험 결과에 따라서 새로운 가설을 세우고, 그 과정을 반복합니다. 그러면 한 가지 현상을

---

[3] https://mccrindle.com.au/app/uploads/2018/04/Faith-and-Belief-in-Australia-Report McCrindle 2017.pdf page 8

설명할 수 있는 다양한 가설이 존재하게 됩니다. 그리고 증거자료들을 수집하여 가장 합리적인 결론을 도출합니다.

이런 진리 도출 방식으로 사도 바울이 예수님을 믿게 된 과정을 생각해 봅시다. 사도행전 22장 1-16절 말씀입니다.

> ¹ 부형들아 내가 지금 여러분 앞에서 변명하는 말을 들으라 ² 그들이 그가 히브리 말로 말함을 듣고 더욱 조용한지라 이어 이르되 ³ 나는 유대인으로 길리기아 다소에서 났고 이 성에서 자라 가말리엘의 문하에서 우리 조상들의 율법의 엄한 교훈을 받았고 오늘 너희 모든 사람처럼 하나님께 대하여 열심이 있는 자라 ⁴ 내가 이 도를 박해하여 사람을 죽이기까지 하고 남녀를 결박하여 옥에 넘겼노니 ⁵ 이에 대제사장과 모든 장로들이 내 증인이라 또 내가 그들에게서 다메섹 형제들에게 가는 공문을 받아 가지고 거기 있는 자들도 결박하여 예루살렘으로 끌어다가 형벌 받게 하려고 가더니 ⁶ 가는 중 다메섹에 가까이 갔을 때에 오정쯤 되어 홀연히 하늘로부터 큰 빛이 나를 둘러 비치매 ⁷ 내가 땅에 엎드러져 들으니 소리 있어 이르되 사울아 사울아 네가 왜 나를 박해하느냐 하시거늘 ⁸ 내가 대답하되 주님 누구시니이까 하니 이르시되 나는 네가 박해하는 나사렛 예수라 하시더라 ⁹ 나와 함께 있는 사람들이 빛은 보

면서도 나에게 말씀하시는 이의 소리는 듣지 못하더라 [10] 내가 이르되 주님 무엇을 하리이까 주께서 이르시되 일어나 다메섹으로 들어가라 네가 해야 할 모든 것을 거기서 누가 이르리라 하시거늘 [11] 나는 그 빛의 광채로 말미암아 볼 수 없게 되었으므로 나와 함께 있는 사람들의 손에 끌려 다메섹에 들어 갔노라 [12] 율법에 따라 경건한 사람으로 거기 사는 모든 유대인들에게 칭찬을 듣는 아나니아라 하는 이가 [13] 내게 와 곁에 서서 말하되 형제 사울아 다시 보라 하거늘 즉시 그를 쳐다 보았노라 [14] 그가 또 이르되 우리 조상들의 하나님이 너를 택하여 너로 하여금 자기 뜻을 알게 하시며 그 의인을 보게 하시고 그 입에서 나오는 음성을 듣게 하셨으니 [15] 네가 그를 위하여 모든 사람 앞에서 네가 보고 들은 것에 증인이 되리라 [16] 이제는 왜 주저하느냐 일어나 주의 이름을 불러 세례를 받고 너의 죄를 씻으라 하더라

그 시대 엘리트 지식인이었던 사울은 이스라엘 조상들의 율법에 대한 열심을 본받아 예수 믿는 자들을 핍박하고 있었습니다. 그런데 갑자기 하늘에서 빛이 내려오고 음성이 들립니다. 이것은 그 앞에 펼쳐진 '현상'이었습니다. 바울이 그 현상을 관찰하고, 그 존재가 권위를 가진 영적 존재라고 가설을

세웁니다('주님'이라고 부르는 모습을 보면 유추할 수 있습니다). 그리고 자기에게 있는 정보에 대조하여 이 가설을 시험합니다. 누구시냐고 묻고, 무엇을 해야 하는지 묻습니다. 예수님이 명령하신 대로 행하니 그는 다시 볼 수 있게 되었습니다. 그것으로 인하여 그의 가설은 확정됩니다. 이 일련의 사건들로 인해서 그는 예수님을 믿는 사람들을 박해하는 사람에서 예수님을 위해서 목숨을 내놓는 주님의 사도가 됩니다.

 물론 개인의 경험보다는 객관적 측정을 우선시하는 과학적 방식이 통용되지 않았을지라도 진리에 도달하는 귀납적 추론법을 보았을 때는 이와 유사합니다. 저는 아직 믿지 않는 이들에게 기독교의 핵심 진리가 옳다라는 것을 추론하는 과정을 설명할 때 먼저 다음과 같이 관측들을 이야기해 줍니다.

   1. 우주가 존재하기 시작했다는 과학 이론
   2. 객관적 도덕 가치와 의무
   3. 인간에게 공존하는 선과 악
   4. 나사렛 예수의 부활에 대한 역사적 기록
   5. 수많은 사람의 성령 하나님 경험

그러고는 말합니다. "이 여러 가지 관측들을 가장 잘 설명하는 가설은 무엇일까요? 제가 생각하기에는 우주를 창조하신 하나님이 존재하시고, 우리는 죄를 지어 그 하나님의 품에서 떠났지만 하나님이 예수 그리스도를 통해서 우리의 구원 사역을 완수하셨다는 기독교의 핵심 진리가 이것을 제일 잘 설명하는 가설입니다. 그렇기 때문에 저는 예수님을 믿는 것입니다." 이런 추론 방식은 비과학적이지도, 비합리적이지도 않습니다. 오히려 과학적 방식처럼 귀납적 추리 방식을 따라 진리에 도달하는 합리적인 방식입니다.

하지만 세상 사람들의 오해는 추론 방식에서 멈추지 않습니다. 나아가서, 어떤 것을 관측의 범위에 넣을지, 또 어떤 것을 가설의 범위에 넣을지도 포함됩니다. 특히 사도 바울이 예수님의 음성을 들었다는 것, 혹은 수많은 크리스천들이 성령 하나님의 내주를 느끼고, 증언하심을 듣는다는 관측, 혹은 예수님이 죽음에서 부활하셨다는 가설처럼 초자연적인 영역에 있는 부분들에 대해 즉각적인 거부의 반응을 보입니다. 이는 과학의 발전으로 인해 옛날에는 기적의 범주에 있었던 것들을 자연적인 방식으로 해석이 가능하다는 잘못된 오해 때문입니다. 이에 관하여는 다음과 같이 이야기해 줄 수 있습니다.

당신이 월요일에 5만 원, 화요일에 만 원을 서랍에 넣었다고 가정해 봅시다.[4] 그런데 수요일에 서랍을 열어 보니 만 원짜리 한 장밖에 남아 있지 않는 것입니다. 그렇다고 "수학적 법칙은 깨질 수 없는 거야"라고 말하며 그 사실이 일어났다는 것을 부정할 사람은 없겠지요? 아마 대부분 "누가 내 5만 원 가져간 거야?"라고 반응할 것입니다. 이와 같이 수학적 법칙이 존재한다는 것은 이 사건이 일어날 수 없다는 증명이 아닙니다. 오히려, 수학적 법칙이 존재하고, 그 확실함을 알기 때문에 누군가가 5만 원을 가져갔다고 추론할 수 있는 것이겠지요. 이와 같이, 자연의 법칙이 존재하기 때문에 기적이 일어날 수 없는 것이 아니라 자연의 법칙이 존재하기 때문에 기적이 기적이 된다는 사실을 알 수 있습니다. 그러므로 더 정확한 질문은 "초자연적인 존재가 이 세상에 관여하는가"입니다. 이 질문에 대한 대답이 "예"라면, 기적은 일어날 수 있습니다.

20세기 가장 위대한 기독 변증론자 C. S. 루이스는 과학적 법칙이 존재하기 때문에 기적을 믿을 수 없다는 사람들에게

---

[4] C. S. Lewis의 *Miracles*에 나오는 이야기를 각색했습니다.

이러한 비유를 사용해 반증합니다. 초자연적 사건이 관측되거나 초자연적 존재가 가설로 설정되는 것 자체를 부정하는 것은 초자연적인 세계가 없음을 기저 신앙으로 가졌기 때문입니다. 그리고 그 기저 신앙은 과학적 추론으로 도달할 수 없는 영역입니다. 과학이 자연세계의 관측 가능한 것을 다루는 학문이라면 자연을 넘어서는 형이상학적, 초자연적인 세계는 과학의 관측으로 알 수 없습니다. 그러므로 순수하게 과학적 추론으로 신이 없다는 결론을 도출한다는 것은 불가능한 일입니다.

그럼에도 불구하고 과학과 이성이라는 핑계의 벽 뒤에 숨은 분들이 많습니다. 합리적 의심으로 기독교 진리를 탐구하다 보면 지적 만족을 느끼지 못할 때도 있겠지만 젊은 세대 중에서는 과학을 상처에 대한 방어기제로 사용하는 경우가 많습니다. 우리는 기독교 가정, 혹은 그 문화에서 자란 MZ세대가 꽉 막혀 소통이 되지 않았던 교회로부터 상처 받고 떠나가야만 했던 그 마음을 살펴야 합니다. 무조건 믿으라는 교회의 일방적 강요와는 달리 과학이라는 상호적 소통을 통한 진리 도출 방식은 많은 이에게 신선한 충격을 주었습니다. 과학의 이러한 면에 매료된 이들은 과학의 제한성은 보지 못하고, 이를 자신의 새로운 신으로서 맹목적으로 신뢰하고 예배합니다.

　과학이라는 핑계 뒤에 숨어 하나님에 대한 어떤 가능성도 고려하지 않는 그들은 이 세상 신의 영향 아래에서 혼미해진 마음으로 그리스도의 영광의 복음의 광채를 보지 못하는 상황입니다(고후 4:4). 그렇다면 그들의 마음을 이해하고 대화를 나누는 것은 어떤 의미가 있을까요? 어차피 우리의 싸움이 혈과 육에 있지 않다면, 그들이 내세우는 과학적 이유들을 연구하고 공부하여 답변하는 것이 비효율적으로 비춰질 수 있습니다. 하지만 우리가 기억해야 할 것은 이런 대화의 일차적인 목적은 명쾌한 답변을 통해서 그들로 예수님을 믿게 하려는 것이 아니라, 그 핑계들을 하나씩 제거해 가면서 그들이 예수님을 믿지 못하는 이유가 무엇인지 스스로 깨닫도록 하는 것에 있습니다.

　수업 시간에 집중을 하지 못하고 공부하지 않는 학생이 한 명 있었습니다. 선생님이 그에게 왜 공부를 하지 않느냐고 묻자 학생이 대답했습니다. "의자 높이가 맞지 않아서요." 그래서 선생님은 학생에게 새로운 의자를 가져다주었습니다. 그런데 학생은 그래도 공부를 하지 않았습니다. 선생님이 다시 한 번 왜 공부를 하지 않느냐고 묻자 학생이 대답했습니다. "교과서를 집에 두고 와서요." 선생님은 교과서를 가져다주었습니다. 하지만 학생은 공부하지 않았습니다. 선생님이 다시 한 번 추궁하자 학생은 그제서야 자신의 속마음을 털어놓습니다. "그냥 공부가 하기 싫어요." 공부하기 싫어하는 학생은 어떤 이유를 대서라도 공부를 하지 않으려고 합니다. 죄인 된 우리의 모습과도 같습니다.

과학적이지 않다거나 합리적 의심이라는 핑계를 대지만, 결국에는 인간의 죄 된 본성이 하나님을 대적하기에 진리로부터 달아나는 것입니다. 내 삶의 왕 된 자리에서 내려와서 예수님의 종이 되기는 싫기 때문입니다. 하지만 학생의 마음을 처음부터 알고 있었던 선생님이 그가 의자나 교과서 핑계를 댈 때마다 원하는 것을 다 들어준 것처럼 우리 또한 그들의 눈높이에 맞추어 그들이 표면적으로 이야기하는 불신앙의 이유들을 있는 그대로 들어주고, 공감하고, 대화로 오해를 풀어 주어야 합니다. 그래서 그들 자신이 왜 하나님을 거부하는지 스스로 깨닫도록 인도하는 것, 이것이 사랑의 방법입니다. 이런 죄에 대한 자각이 예수님의 좋은 소식이 선포될 디딤돌이 되기 때문입니다.

이것은 예수님의 방법이기도 했습니다. 바리새인들이 예수님을 말의 올무에 걸리게 하고자 질문했을 때(마 22:15) 예수님은 그들의 악한 마음을 아셨지만(마 22:18) 그들의 질문을 무시하지 않으셨습니다. 대신, 논리의 허점을 냉철하게 짚으시고 진리를 선포하는 대화의 마스터 클래스를 보여 주십니다. 이어지는 사두개인들과의 대화에서도 마찬가지입니다. 근본 하나님이시지만 종의 형체로 이 땅에 오셔서 자신을 미워하는 사람일지라도 대화를 나누기를 기뻐하셨던 예수님이 우리의 주님이십니다. 제자로서 그의 사랑을, 인품을, 대화를 배우기를 사모해야 할 것입니다. 그러므로 기독교는 비과학적이고 비이성적이라는 그들의 주장을 무시하지 말고 함께 공부하며 대화를 포기하지 않는 우리가 되어야겠습니다.

젊은 세대의 오해 5: 신은 이 세상에 관심이 없다

2019년에 시작되어 3년이 넘는 동안 정치·경제·사회적으로 온 세상을 뒤흔든 전염병이 있었습니다. 2022년에 시작된 우크라이나 전쟁은 아직까지도 사천만 명의 자국민들의 안전을 위협하고 있습니다. 이 외에도 최근 몇 년간 자연적으로, 또한 인류에 의해 발생한 재해는 이루 말로 할 수 없을 정도로 엄청

납니다. 그리고 지금 이 세대는 그 모든 소식을 실시간으로 듣고, 소화하고, 반응할 수 있습니다. 신정론이라는 이름으로 수천 년을 이어져 온 대화가 아직까지도 반복되는 게 이상하지 않습니다. "전능하신 사랑의 하나님이 어떻게 이런 고난을 내버려두실 수 있는가?"

이런 질문을 마주했을 때는 먼저 질문자들의 마음이 어떤 상태에 있는지를 파악하는 것이 중요합니다. 전도 현장에서 만난 많은 이가 겉으로는 지구 건너편 사람들이 겪는 혹독한 고난을 이야기하며 성경에 나오는 하나님은 비논리적이라며 한탄하지만, 사실 그 이면에는 자기 삶의 고난에 대한 원망이 숨어 있습니다.

선천적으로 뼈가 약해서 평생을 병원 신세를 지고 있는 청년, 기독교 가정에서 태어났지만 자신의 성적 정체성을 인정해 주지 않아서 가정을 떠난 청년, 예수님을 믿고 선교사로 떠났었지만 교회의 위선에 상처 받고 믿음을 저버린 청년. 이런 청년들과 대화를 나누면서 그들 안에 깊은 절망과 아픔이 있다는 것을 알 수 있었습니다.

그러므로 우리는 성령님께서 그들의 마음을 만져주시기를 기도하며 조심스럽게 대화를 이어 나가야 합니다.

> 너희 말을 항상 은혜 가운데서 소금으로 맛을 냄과 같이 하라 그리하면 각 사람에게 마땅히 대답할 것을 알리라 골 4:6

그리고 그들의 오해를 명확하게 해소해 주어야 합니다. 그들의 말을 경청하고 공감대를 형성하되, 결국에는 복음을 선포할 수 있도록 그 마음 밭을 경작해야 합니다. 이 주제로 나누는 대화는 불편하지만 암세포를 도려내는 의사의 심정으로 민감한 내용도 다룰 수 있어야 합니다. 물론 그들의 마음을 헤아리지 못하는 일방적 소통이 아니라 상호 존중과 사랑을 바탕으로 하는 진정한 대화인 경우에 말입니다.

이 주제에 빠지지 않고 등장하는 '악당'은 욥의 세 친구들입니다. 그들이 욥에게 한 말을 읽으며 우리는 "고통을 겪는 친구에게는 말을 많이 하는 것보다 그저 울어 주고 함께 있어 주는 것이 더 좋다"라는 교훈을 얻습니다. 하지만 성경은 다른 측면을 말합니다.

> **12** 눈을 들어 멀리 보매 그가 욥인 줄 알기 어렵게 되었으므로 그들이 일제히 소리 질러 울며 각각 자기의 겉옷을 찢고 하늘을 향하여 티끌을 날려 자기 머리에 뿌리고 **13** 밤낮 칠 일 동안 그와 함께 땅에 앉았으나 욥의 고통이 심함을 보므로 그에

게 한마디도 말하는 자가 없었더라 욥 2:12-13

친구들은 이렇게 아름다운 비언어적 방식으로도 욥을 위로했습니다. 그런데 하나님께서 그들을 판결하는 내용을 보십시오. "… 내가 너와 네 두 친구에게 노하나니 이는 너희가 나를 가리켜 말한 것이 내 종 욥의 말 같이 옳지 못함이니라"(욥 42:7). 세 친구의 잘못은 하나님을 오해하도록 욥을 부추긴 것이었습니다. 그리고 이는 욥의 마음을 더욱 괴롭게 했습니다(욥 19:2). 하나님께 오해를 품은 상태로 고난을 통과할 경우 그 상처는 제대로 아물지 못합니다. 뼈가 부러졌다면 아무리 아프더라도 뼈의 위치를 바로잡은 뒤 석고 붕대로 감는 것처럼, 우리 또한 불편하고 아픈 대화를 시도해야 할 때가 있습니다.

이런 마음가짐으로 다시 그들의 질문을 바라보면 사실 여러 가지 오해가 복합적으로 맞물려진 질문임을 알 수 있습니다.[5] 첫 번째 오해는 하나님의 전능하심에 대한 것입니다. "하나님이 자기도 들지 못할 바위를 창조할 수 있는가?"라는 유명한 전능자 역설이 있습니다. 하나님이 자기가 들지 못할 바

---

[5] 윌리엄 레인 크레이그 교수의 『복음주의 변증학』에서 다루는 알빈 플랜팅가 교수의 자유의지 논증을 추천합니다.

위를 창조하실 수 있다면, 그 바위를 들지 못하기 때문에 전능자가 아니고, 자기가 들지 못할 바위를 창조하실 수 없다면, 그 또한 전능자가 아님을 증거한다는 논지입니다. 하지만 이것은 전능에 대한 오해입니다. '모든 것을 할 수 있다'라는 말은 '논리적으로 불가능한 일을 할 수 있다'라는 뜻이 아닙니다. 예를 들어 하나님께서는 각이 네 개인 삼각형을 만드실 수 있을까요? 삼각형이라는 도형의 문자적 의미는 각이 세 개인 도형입니다. 그러므로 각이 네 개인 삼각형은 존재할 수 없습니다. 사각형이라고 부르겠지요.

하나님이 이런 일을 행하시지 못한다고 대답하는 것은 하나님의 전능하심을 낮추어 보는 것이 아닙니다. 오히려 하나님께서 논리적이고 합리적이신 분임을 증거하는 것입니다.

이것은 믿지 않는 자들뿐만 아니라 우리에게도 있는 오해입니다. 하나님께서는 우리의 차원을 뛰어넘는 것들을 행하시는 분이시기에 우리가 보기에 불가능한 것들을 행하실 수 있습니다. 하나님은 우리의 논리를 뛰어넘는 역사를 행하십니다. 하지만 비논리적이지는 않습니다. 하나님은 초자연적이지만 비자연적이시지는 않습니다. 그렇다고 이것이 하나님께서 논리라는 형이상학적 존재에 다스림을 받는다는 뜻은 결코 아닙니다. 하나님께서 합리적으로 행동하시는 이유는,

하나님 자신이 합리적이시기 때문입니다. "태초에 말씀이 계시니라"(요 1:1)라는 구절에 나오는 '말씀'은 영어로 논리를 뜻하는 'Logic'의 원형인 'Logos'라는 헬라어입니다.

> 이는 하나님이 거짓말을 하실 수 없는 이 두 가지 변하지 못할 사실로 말미암아 앞에 있는 소망을 얻으려고 피난처를 찾은 우리에게 큰 안위를 받게 하려 하심이라 히 6:18

하나님은 거짓말을 하실 수 없습니다. 그렇다고 하나님이 전능하지 않다고 할 수 없을 것입니다. 오히려 하나님이 거짓말을 하실 수 없는 분이시기에 우리는 안위를 받습니다.

고통의 문제를 질문할 때 하나님의 전능하심에 대한 오해를 풀어 주는 것이 중요한 이유는, 창조물에게 자유 의지를 주신 하나님이 억지로 하나님의 법을 따르게 하시지 않음을 이해해야 하기 때문입니다. 그러나 우리는 하나님이 주신 자유 의지로 그에게 대항하기로 결정했습니다. 그리하여 하나님께서 주신 선한 것들을 뒤집어 하나님을 미워하고, 서로를 미워하게 되었습니다. 그리고 그로 말미암아 찾아오는 많은 고통을 겪게 되었습니다. 이전 장에서 나누었던 금속 포크를 넣은 전자레인지처럼 말입니다.

두 번째 오해는 하나님의 사랑에 관한 것입니다. 하나님은 우리를 "곧 내가 내 영광을 위하여 창조한 자"(사 43:7)라고 부르십니다. 우리는 하나님의 영광을 위해서 창조되었지 우리의 안락과 편안함을 위해서 창조되지 않았습니다. 하나님께서 우리를 사랑하시는 것은, 우리가 사랑받기 마땅한 존재라서가 아니라, 하나님의 형상으로 지어졌기 때문입니다. 하나님께서 우리를 사랑하시니까 우리의 안락함을 위해서 최선을 다하실 것이라고 기대하는 것은 큰 오해입니다. 하나님이 우리를 창조하신 목적은 예수 그리스도를 통해서 우리 안에 하나님의 형상이 완성되고, 그로 인해 하나님 자신이 영광을 받으시는 것입니다. 그리고 그 목적을 이루어 가시는 과정 가운데 우리에게 고통을 허락하실 수도 있습니다.

치과 진료를 받으러 가서 의사 선생님이 내가 건강하기를 바란다고 믿는 것은 어렵지 않습니다. 하지만 그렇다고 해서 발치하거나 스케일링을 할 때 고통이 전혀 없으리라고는 생각하지 않습니다. 혹은 부모가 자녀들을 훈육할 때 미워하기 때문에 그들을 혼내는 것이 아닙니다. 오히려 사랑하기 때문에, 더욱 착한 사람으로 성장하기를 바라기에 훈육합니다.

하나님께서 우리를 사랑하시니 모든 고통을 없애 주실 것이라고 생각하는 것은 하나님께서 우리를 창조하신 목적을 깨닫지 못하는 자기중심적 사고입니다. 하지만 갑작스럽게 사고로 목숨을 잃은 사람을 본다면, 이 일이 대체 무슨 일이냐고 하나님께 묻고 싶을 것입니다. 그는 고통을 통해서 하나님을 배우고, 하나님의 형상으로 성장해 갈 기회가 없었던 사람일 것입니다. 그때 우리가 한 가지 기억해야 할 것은 하나님이 가지신 정보를 우리가 알지 못한다는 것입니다. 그들이 어떤 삶을 살아왔고, 하나님께서 그들을 어떤 방식으로 인도하셨는지 우리는 알지 못합니다. 다만 세상의 모든 일이 하나님의 전능하신 통치 아래 움직인다는 것을 믿습니다. 자신의 고통의 이유를 찾던 욥에게 하나님은 이렇게 질문하십니다.

> 내가 땅의 기초를 놓을 때에 네가 어디 있었느냐 네가 깨달아 알았거든 말할지니라 욥 38:4

그리고 마지막 오해는 대안에 관한 것입니다. 세상에 악이 존재하고, 고통이 존재하기에 성경에 나오는 하나님은 존재하지 않는다고 주장하는 사람들은 그 대안을 생각하지 못할 때가 많습니다. 하나님이 존재하지 않는 세계관은 고통의 문제를 어떻게 바라봅니까? 그저 목적 없는 분자의 움직임 속에서 찾아온 불편함일 뿐입니다. 그 고통을 악하다고 규정할 수 있는 객관적 가치 체계는 존재하지 않습니다. 유대교와 이슬람교에서는 자신이 지은 죄로 인해 고통을 받는다고 합니다. 힌두교에서는 우리가 전생에 지은 죄인 카르마로 인해 현생에서 고통을 받는다고 합니다. 어떤 불교 종파에서는 지금 우리가 느끼고 경험하고 있는 고통이 실제로는 존재하지 않는다고 언급합니다.

하지만 복음이 선포하는 것은 무엇입니까? 우리는 우리를 창조한 전능하고 선하신 하나님으로부터 멀어졌고 그로 인해 고통받고 있다는 것입니다. 고통은 실재하고, 악은 존재합니다. 그렇게 영원한 심판의 길로 들어선 우리를 하나님께서 불쌍히 여기시고 예수님을 보내셨습니다. 예수님은 근본 하나님이시지만 죄 있는 육신의 모양으로 오셔서(롬 8:3) 우리와 함께 고난받으셨습니다. 그리고 인류의 모든 죄악을 짊어지고 십자가에 달려 단번에 죽으심으로 죄 사함을 이루셨습니다. 이제 그를 신뢰하고 그에게 순종하는 모든 자는 그의 의로우심 가운데 참여하고 하나님 나라의 상속권을 받았습니다. 마지막 날에 모든 악은 공의로우신 하나님께 심판받을 것이고(계 20:10) 하나님은 우리의 모든 눈물을 닦아주실 것입니다(계 21:4). 우리가 현재 겪고 있는 모든 고난은 장차 우리에게 나타날 영광과 비교할 수 없습니다(롬 8:18).

기독교의 이러한 진리는 아름다운 이야기입니다. 박해와 고난 가운데 울부짖었던 믿음의 선배들에게 소망과 능력이 된 좋은 소식입니다. 그리고 지금 현재 고난을 겪고 있는 모든 자에게 동일한 은혜로 다가가는 좋은 소식입니다. 전쟁으로 인해 집과 가족을 잃은 자들에게는 어떤 메시지로 다가가는 것이 좋을까요? 모든 것이 의미가 없고 그냥 불운이었다고? 아니면 당신이 무언가 실수했기 때문에 벌 받는 것이라고? 우리의 고난과 아픔은 예수님의 좋은 소식 안에서만 의미를 찾을 수 있습니다. 그냥 다 괜찮아질 것이라는 텅빈 응원이 아니라 예수님께서 다시 오셔서 하나님 나라를 회복시키실 때 우리의 모든 아픔과 눈물을 닦아 주실 것이라는 확신에 찬 약속을 할 수 있는 것입니다.

듣기 좋은 말이 항상 옳은 말은 아닙니다. 하지만 기독교의 핵심 진리는 고통의 문제에 가장 큰 소망일 뿐 아니라 우주의 근원과 객관적 도덕 가치의 존재, 나사렛 예수의 부활 사건 등 이 모든 문제에 가장 합리적인 대답을 줍니다. C. S. 루이스는 이렇게 말합니다. "나는 해가 떴다고 믿는 것처럼 기독교를 믿는다: 내가 그것을 보기 때문만이 아니라, 그것 때문에 모든 것을 보기 때문이다." 예수님을 믿는 믿음은 이 세상에서 가장 어려운 질문에 지적 명쾌함과 감성적 만족을 줍니다. 우리가 함께 대화하고 섬기는 모든 이가 이 만족을 마음껏 누리게 되기를 바랍니다.

기성세대의
오해

지금까지 대화로서의 전도, 그리고 대화의 가장 우선되는 요소인 '경청하기' 단계에서, 예수님을 알지 못하는 다음 세대가 예수님에 대해, 그리고 교회에 대해 하는 오해를 어떻게 풀어 주어야 할지 살펴보았습니다. 그런 오해들이 풀리고 굳게 닫혔던 마음 문이 열린 후, 예수님의 온전하신 복음이 전달될 때 성령님의 내주 역사하심이 사람들의 마음을, 그리고 삶을 변화시킵니다.

    하지만 진정으로 쌍방향으로 대화를 하려면 믿지 않는 자들이 믿는 자들을 향해 가진 오해를 풀어 주는 것에만 집중해서는 안 됩니다. 우리 또한 크고 작은 오해들로 인해 그들에게 다가가기를 주저하거나 비효율적인 방법을 사용할 때도 있습니다. 이 책의 시작에서 나누었던 전도의 예시, 사도행전 2장에서 군중들이 방언을 하는 제자들을 보고 "새 술에 취했다"라고 오해했던 것처럼, 만약 제자들 또한 군중에게 오해가 있었다면 어떤 일이 벌어졌을까요? 예수님을 십자가에 못 박으라고 했던 군중들은 절대로 예수님이 부활하셨음을 믿지 못할 것이란 오해, 혹은 그들이 예수님을 죽인 것처럼 틀림없이 자신들도 죽이고 말 것이라는 오해, 이런 오해들이 있었다면, 이런 잘못된 믿음들을 성령 하나님께서 제거해 주시지 않았다면, 담대하게 예수님의 부활 복음을 선포하지 못했을 것입니다. 그렇다면 기성세대의 어떤 오해가 대화를 방해하는지 다섯 장에 걸쳐 나누고자 합니다.

기성세대의 오해 1: 젊은 세대는 영적인 것에 관심이 없다

오늘날 청년들의 모습은 예전과는 다릅니다. 기성세대 한국 교인들에게는 온 성도가 교회에 모여 뜨겁게 찬양과 기도를 하고, 말씀 앞에 무릎 꿇는 모습이 자연스럽습니다. 교회들이 연합하여 다음 세대를 위한 수련회도 하고, 청년들이 자발적으로 모여 찬양 집회도 하면서 성령의 뜨거운 역사를 경험했다고 회상합니다. 하지만 이제 젊은 세대에서 그런 모습은 사라져 갑니다. 모이기에 힘쓰지 않고, 뜨거운 찬양과 부르짖는 기도의 모습은 점차 없어지고 있습니다. 좋은 음향 시스템과 감성을 건드리는 다양한 프로그램들로 그 모습을 다시 회복하려는 노력을 하지만 뜻대로 되지 않습니다. 그리고 이런 아쉬움은 '청년들이 영적인 것에 관심이 없다'라는 비관적인 오해로 이어집니다.

과반수의 MZ세대가 '종교'에 무관심한 것은 사실입니다. 갤럽 자료에 따르면 한국의 19~24세들의 78%가 종교가 없으며, 그중 64%는 관심이 없는 것이 그 이유라고 밝혔습니다.[1] 하지만 젊은 세대가 기성세대의 종교적 모습에 관심이 없다는 것은 진리에 관심이 없다는 뜻이 아닙니다. 미국의 한 조사에 따르면 오히려 밀레니얼 세대가 기성세대보다 기독교 진리에 관심이 더 많다고 합니다(밀레니얼 세대 38%, 베이비붐 세대 16%).[2] 그리고 앞에서 언급했듯이, 믿지 않는 기성세대는 아무도 자신을 모르는 곳에 가서 설교를 듣거나 이벤트에 참여하는 방

---

1 https://www.gallup.co.kr/gallupdb/reportContent.asp?seqNo=1208
2 https://www.barna.com/research/millennial-spiritual-curiosity/

법으로 복음을 접하기 원했지만(34%), 밀레니얼 세대는 일대일 대화를 통한 전도를 가장 선호한다고 답했습니다(53%).**3** 뜨거운 집회, 통성 기도, 자주 그리고 많이 모여서 목사님의 긴 설교를 우직하게 듣는 말씀 성회, 이런 모습들은 예수님을 믿는 자들이 필수적으로 가져야 하는 모습인지, 그 시대와 문화에 알맞는 도구로서 쓰임받은 특수한 방법이었는지 되돌아보면 좋을 것 같습니다.

현재 젊은 세대는 매일 큰 도전 앞에 서 있습니다. 아침마다 뉴스를 틀면 새로운 환경적, 경제적, 지정학적 위기에 관한 소식이 들려옵니다. 이런 상황 가운데 우리 모두는 삶의 진정한 의미를 찾고 있습니다. 자신에게 길을 제시해 주는 숭고한 목적을 찾고 있는 것입니다. 그리고 종교가 떠나간 그 자리에는 '환경주의'와 같은 사상이 대체재로 사용되고 있습니다.**4, 5** 하지만 아무리 선한 것이라도 진정한 만족을 주시는 하나님의 자리를 대신할 수는 없습니다. 우리는 그렇게 만들어졌기 때문입니다. 이런 갈증은 하나님으로만 해갈될 수 있습

---

3 Ibid.

4 Garreau, Joel. "Environmentalism as Religion." *The New Atlantis* 28 (2021): 61-74.

5 https://www.pewresearch.org/science/2021/05/26/gen-z-millennials-stand-out-for-climate-change-activism-social-media-engagement-with-issue/

니다.

하지만 현재 우리의 복음 전달 방식은 하나님의 복음이 실질적으로 우리 삶에 어떻게 역사하는지 알려주지 못합니다. 믿으면 구원을 받는다는데 과연 무엇을 믿는 것이고 어떻게 믿는 것이며, 구원이란 무엇인지, 내 실생활에 어떤 영향을 주는지 말해 주지 않습니다. 은혜의 자리에 자주 참석하다 보면 하나님이 만나 주실 것이라고, 기도의 자리에 있다 보면 하나님이 주시는 은혜를 체험할 것이라고 말합니다. 하지만 그 은혜의 체험이 어떻게 '나'의 삶을 변화시킬 것인지 과정 설명은 생략됩니다. 그러다 보니 마치 이차방정식이나 주기율표를 배우는 학생들처럼 젊은 세대는 이렇게 반문합니다. "이거 알아서 뭐해?" 실생활에 쓰이지도 않는데 왜 배우냐는 것입니다. 이것이 젊은 세대가 영적인 것에 무관심해지는 한 가지 이유가 아닐지 고민해 보아야 합니다.

이는 예수님을 믿는 주된 목적이 현실의 안락함과 이 땅에서의 행복이라고 말하자는 것이 아닙니다. 하나님이 이 땅을 만드시고, 우리를 지으셨다면, 우리는 하나님의 뜻대로 살아갈 때에만 가장 큰 만족을 누릴 수 있습니다. 이것은 미래에 일어날 일에 대한 소망이기도 하지만, 그로 인해 현재 우리 삶에 지금 당장 임한 하나님의 나라이기도 합니다(눅 11:20). 그리고 그 하나님의 나라는 그저 형이상학적 진리로 이 땅과 아무 연관이 없는 것이 아니라, 이 땅에 침투하여 우리 삶을 변화시키는 능력이 있습니다.

예를 들어 요즘 젊은 세대 가운데 큰 관심을 끄는 '행복' 혹은 '힐링'이라는 주제로 다가갈 수 있습니다. 최근 명상이나 마음 챙김 등과 같은 '힐링'이라는 키워드가 청년들의 주된 관심사로 떠오르고 있습니다. 우리는 그 주제에 맞게 하나님과의 관계에서 오는 진정한 '힐링'을 강조할 수 있습니다. 하버드대의 전문가들은 행복의 가장 중요한 요소가 돈이나 명예, 삶의 안락함이 아니라 "관계"라고 이야기합니다. 건강한 관계를 유지할 때 우리는 정서적으로 안정감을 느끼고 이는 육체적 그리고 정신적 건강과 긴밀한 연관성이 있습니다.[6]

그렇다면 신앙이란 무엇입니까? 하나님과의 관계입니다. 하나님과 좋은 관계를 유지하고, 같은 마음을 공유하는 사람끼리 양질의 관계를 유지하는 것은 우리 건강에 큰 도움이 됩니다. 특히 한 연구 결과에 따르면 종교가 가진 건강 증진의 효력은 어떤 하나님을 믿느냐에 따라서 달라지는데, 우리를 심판하시는 하나님에 대한 개념만 존재한다면, 정신 질환

---

6   https://www.health.harvard.edu/blog/the-secret-to-happiness-heres-some-advice-from-the-longest-running-study-on-happiness-2017100512543

과 같은 나쁜 결과를 낳지만, 우리를 사랑하시는 하나님에 대한 이해가 높아지면 정서적 안정감을 느낀다고 합니다.[7] 그러므로 우리가 아직 죄인 되었을 때에 예수 그리스도를 우리를 위하여 죽게 하심으로 확증하신 하나님의 사랑을 아는 우리는 다른 어떤 종교인들보다 더한 안정감을 누릴 수 있어야 하지 않을까요?

물론 정신 건강은 생화학적, 심리학적, 영적 요인들을 포함한, 복잡하고 다면적인 영역이기에 예수님을 잘 믿으면 정신 질환에 결단코 걸릴 수 없다는 터무니없이 환원적인 주장을 하는 것이 아닙니다. 다만 올바른 신앙은 우리의 정서적 행복에 실질적인 영향을 끼칠 수 있습니다. 하나님은 그저 관념적인 존재가 아니라 나의 삶의 모든 부분에서 직접적이고 구체적으로 역사하고 다스리시는 분임을 이것을 통해 경험할 수 있습니다.

하지만 예수님을 자기만족을 위한 도구로 제시하는 것은 경계해야 합니다. 힐링하고자 하는 요가나 마음 챙김, 명상과 절대 같을 수 없습니다.

누구든지 자기 십자가를 지고 나를 따르지 않는 자도 능히 내

---

[7] https://www.sciencedirect.com/science/article/pii/S1877042811026942

제자가 되지 못하리라 `눅 14:27`

예수님의 말씀처럼, 구원받은 신자는 자신을 부인하고 예수님을 따르는 자들입니다. 더 이상 자기실현이 아니라, 하나님의 나라를 실현하는 데 시선을 맞춥니다. 이것은 결국 우리를 가장 행복한 길로 이끕니다. 우리는 하나님과 관계하도록 지으심을 받았기 때문입니다. 행복하고자 애쓰는 사람은 행복을 얻을 수 없지만 예수님을 따르고자 자기 행복을 내려놓는 사람은 진정한 행복을 얻을 수 있습니다. 그리고 이런 행복을 이 땅에서 경험할 수 있다는 것은 복음이 가진 능력의 실재성에 대한 방증이 됩니다.

저는 목사 가정에서 태어나고 자랐습니다. 부모님은 형과 저를 많이 사랑하셨지만, 직업적 특성상 보이는 모습에 신경을 많이 쓰셨습니다. 그래서 저는 어려서부터 주중에 있는 모든 교회 모임에 잘 참석했어야 했고 "목사 아들이 그러면 안 되지"라는 꾸중을 피하고자 노력했습니다. 학교에서는 선생님, 교회에서는 교회 어른들, 집에서는 부모님의 인정을 얻기 위해 노력했고, 결국에는 그 모습이 하나님의 인정을 받고자 하는 강박감으로 변질되었습니다. 하지만 곧 문제를 깨달았습니다. 하나님은 불같은 눈동자로 나를 바라보시기에, 사람들을 속이듯이 속일 수 없다는 것이었습니다. 그냥 착한 척하면 되는 게 아니라 정말로 삶의 모든 순간에 착해야 했습니다.

그리고 그것은 제 삶 안에서 반복되어 나타나는 죄의 모습 때문에 절대로 하나님의 인정을 받을 수 없다는 절망과 불안으로 내몰았습니다. 아예 하나님이 존재하지 않는다고 생각하면 속이 편할 것 같았지만 어느 날 성경 공부를 하던 중에 이 성경 구절이 갑자기 제 마음을 사로잡았습니다.

> 우리가 아직 죄인 되었을 때에 그리스도께서 우리를 위하여 죽으심으로 하나님께서 우리에 대한 자기의 사랑을 확증하셨느니라 롬 5:8

평생 교회를 다녔고, 성경을 몇 번이나 읽었지만, 왜 이 말씀이 그제서야 이해되었는지 모르겠습니다. 그때를 기준으로 인정받고자 하는 저의 갈망은 마침표를 찍었습니다.

내가 아직 연약하고 죄 가운데 있었을 때 하나님께서 나를 인정하셨고 그것을 예수 그리스도의 십자가를 통해서 확증하셨기 때문에 더 이상 사람의 인정을 갈구할 필요가 없어졌습니다. 그 진리가 나를 자유하게 했습니다(요 8:32). 그렇지만 아직도 유혹의 욕심을 따라 썩어져 가는 옛 습관을 따르는 옛 사람이 스멀스멀 기어 나올 때는(엡 4:22) 하나님의 말씀을 나 자신에게 선포합니다. 직장 상사의 인정을 받기 위해 내 업적을 부풀리는 것, 목사님과 교회 리더십의 인정을 받기 위해 가정보다 교회 사역에 더 애쓰려는 것, 친구들의 인정을 받기 위해 좋은 차, 좋은 집, 좋은 옷을 입고 싶은 마음 등등 내 삶의 모든 영역에, 자유롭게 하시는 예수 그리스도의 복음이 적용되기를 기도하며 훈련합니다.

예수님을 믿는다는 것은, 우리의 인생 여정이 끝나고 난후, 혹은 예수님이 다시 돌아오신 후에 하나님 나라의 시민이 된다는 미래의 것만이 아닙니다. 우리는 이미 임한 하나님의 나라를 지금 누릴 수 있고, 그것이 가진 놀라운 효력들을 통해 믿지 않는 세대에게 다가갈 수 있습니다. 그렇다면 복음의 현실적인 능력을 나누기 위한 방법은 무엇이 있을까요?

먼저 제가 앞에서 한 것처럼 예수님을 믿게 된 과정과 결과에 대한 간증을 사용할 수 있습니다. 이를 통해 그들은 기독교인들이 신앙을 핑계로 현실 도피를 하는 것이 아니라, 기독교인들 역시 치열한 현실 속에서 하나님께서 주시는 소망을 붙잡고 살아가고 있음을 알 수 있습니다. 이것은 바울의 방법이기도 했습니다. 사도 바울은 사도행전 22장에서 유대인들에게, 또한 26장에서 아그립바 왕에게 예수님을 믿게 된 과정을 간증합니다. 한 가지 흥미로운 사실은 26장에서는 22장과는 달리 그가 잠시 눈이 멀었었고 하나님께서 '아나니아'라는 사람을 통해서 눈을 뜨게 하셨다'라는 내용을 생략합니다. 아마 듣는 사람들의 성향과 상황에 따라 강조하고 싶은 메시지를 달리했던 것 같습니다.

우리도 마찬가지로 듣는 대상과 상황에 따라 간증을 달리할 수 있습니다. 대화를 나누는 상대방에게 지금 현실적으로 도움이 필요한 부분을 강조할 수 있습니다. 예를 들어 앞에서 나눈 간증 중 "아예 하나님이 존재하지 않는다고 생각하면 속이 편할 것 같았습니다"라는 내용이 있습니다. 혹시 대화를 나누는 친구가 하나님의 존재에 회의감이 있다면 제가 하나님의 존재에 대한 공부를 어떻게 했는지 조금 더 확장해서 설명해 주어도 좋습니다.

삶에서 자신의 마음대로 되지 않는 것들 때문에 어려움을 겪고 있다면 제 간증에서, '인정'받기 위해 애쓰던 중에 삶의 변화하는 것들 속에서 흔들리지 않는 '기반' 되시는 예수님을 만난 것을 더욱 강조할 수도 있습니다. 이것은 그 사람에게 맞춰서 없었던 일을 지어내라는 조언이 아닙니다. 예수님을 믿기 전 나의 마음과 믿게 된 과정, 그리고 믿고 난 후 나의 모습은 복합적이기 때문에 결국 우리가 하는 간증은 어차피 단면적일 수밖에 없습니다. 그렇다면 예수님을 믿는 믿음이 어떻게 현실적인 능력을 가졌는지 설명하기 위해 상대방에 맞추어 대화의 강조점이 달라질 수 있습니다.

그리고 복음이 삶을 변화시키는 매커니즘은 간증을 추상적인 영역에서 실제적인 모습으로 변모시킵니다. 어떤 질병의 치료제를 복용하도록 설득할 때 '나도 같은 질병이 있었는데 이 약을 먹고 나았어, 너도 먹어 봐'라고 하는 것은 물론 설득력이 있을 수 있습니다. 하지만 이 질병이 어떻게 발병되었는지, 이 치료제는 어떤 생리학적 방식으로 징후들을 완화시키고 결국 요인을 제거하는지와 같은 추가적인 설명을 해 준다면 더욱 설득력 있는 대화가 진행될 수 있을 것입니다. '하나님을 만났더니 난 참 행복해'라는 간증은 순수하고 아름답지만, 전도적 대화에서는 오히려 많은 의문점을 일으킬 뿐입니다. 앞서 나눈 저의 간증에는 복음이 실제 삶에 '적용'되는 '과정'을 설명하고자 하는 노력이 담겨 있습니다.

또한 우리는 은어 사용을 지양해야 합니다. 기독교인들만 사용하는 은어로 영적 신비에 대해 설명한다면, 상대방은 그 신비스러움에 잠시 끌릴 수는 있겠지만, 곧 지금 현재 자신의 삶에 적용할 방법을 찾지 못할 것입니다.

호주 시드니에서 한인 교회를 출석하면서 오랜 기간 한영

동시통역 사역을 했었는데 언젠가 '은혜 받았다'는 표현에서 말문이 막혔던 기억이 납니다. 우리는 '감동받았다', 내지는 '마음에 동요가 있었다'라는 표현을 할 때 은혜 받았다고 말합니다. 하지만 믿지 않는 분들과 대화를 나눌 때는 은혜라는 단어가 '자격 없는 자를 향한 사랑'이라고 풀어서 설명해 주어야 할 때도 많았습니다.

'하나님이 말씀하셨다'라는 표현도 그러했습니다. 대부분의 성도는 하나님의 말씀을 들었다는 것을, 하나님의 육성을 들었다는 의미로 말하지 않습니다. 성경을 읽는 가운데, 혹은 기도 가운데 성령님께서 나에게 이렇게 하라고 하시는 것 같다는 강한 마음의 울림을 느꼈을 때 그 표현을 사용합니다.

하지만 교회 밖에 있는 분들은 사이비 종교의 교주가 하는 말과 우리가 하는 말의 차이점을 알지 못할 수도 있습니다. 이뿐만 아니라 '하나님을 만났다', '새 생명을 얻었다' 등 교인들이 자주 사용하는 표현들이 많습니다. 이런 표현들이 비성경적이거나 해롭다는 뜻이 아닙니다. 아직 믿지 않는 자들과 대화를 나눌 때 내가 사용하는 표현이 어떤 의미로 받아들여질지 그들의 마음을 헤아리고, 그들의 생각을 경청하고 배려하는 마음이 필요하다는 뜻입니다. 서로가 공감하는 표현 선택은 그런 배려의 표출입니다.

이제 이 장을 마무리하고자 합니다. 기성세대가 걱정하는 현재 젊은 세대의 종교적 열심의 부족은 예수님에 대한 관심의 부족을 의미하는 것이 아닙니다. 더욱 어려워지고 혼란스러워지는 이 세상에서 청년 세대는 희망을 찾고 있습니다. 우리가 도저히 다다를 수 없는 하나님의 산에서 내려오신 예수님께서 우리를 이 땅 가운데서 만나주셨습니다. 우리 또한 종교적인 문화의 탑에서 내려와 그들이 이해하는 언어로 우리의 삶을 나누며 예수님에게로 그들을 인도하는 일에 큰 기쁨을 누리길 원합니다.

기성세대의 오해 2:
다 널 위해서 하는 말이야

"다 널 위해서 하는 말이야", "나 좋자고 하는 말이니? 너 잘되라고 하는 말이지", "네가 아직 잘 몰라서 그러는데"처럼 명절에 친척 어르신들에게 들을 법한 말들, 소위 '꼰대' 같다고 칭하는 이런 말들은, 전도자들의 모습에서도 찾아볼 수 있습니다.

우리가 전도를 일방적으로 그 사람을 돕고자 하는 행위라고 생각한다면, 높은 위치에서 낮은 위치에 있는 사람을 동정하는 것처럼 관계의 높낮이가 형성되어 버립니다. 동등한 위치에서 대화를 나누는 관계가 아니라, 교장 선생님이 단상에서 학생들을 내려다 보는 듯한 관계가 됩니다. 그러면 나는 알고 너는 모른다는 우월감이 마음속으로 서서히 스며들고 상대방이 합리적인 질문을 할 때 인정하고 감사히 여기는 것이 아니라 어떻게든 내가 더 옳다라는 것을 증명하려는 마음이 앞섭니다. 그와 반대로 상대방과의 대화가 나에게 도움이 된다는 것을 인정한다면 그가 시간을 내주고 마음을 써 주는 것에 오히려 감사하게 됩니다.

또한 이런 방식은 상대방이 대화에 더 주도적으로 참여할 수 있도록 인도합니다. 상대방이 나에게 무엇을 주고, 나는 받기만 하면 된다는 기대는 대화를 수동적이 되게 합니다. 팝콘을 먹으며 영화를 보듯이 그저 가만히 앉아만 있습니다. '그래, 한번 해 봐라. 들어 줄게'라는 자세가 됩니다. 그러나 상호 교류하며 관계를 나누는 대화를 하게 되면 주도적으로 참여하게 됩니다. 어떤 논리가 부족한지 곰곰이 생각하게 되고 내 생각을 가감 없이 이야기할 수 있습니다. 동등한 입장에서 주도성을 가질 때 대화는 살아나고 더 깊은 내용을 나눌 수 있습니다.

대학원에서 박사 과정을 수료할 때 실험을 계획하거나, 논문을 쓰다가 막히면 동기들의 사무실을 방문했습니다. 잠시 대화를 나눌 수 있냐고 묻고는 고민 있는 부분을 설명합니다. 서로 다른 프로젝트를 진행하기 때문에 서로의 분야를 잘 모르는 경우도 많습니다. 상대방의 좋은 지적과 질문을 통해 더 나은 방향으로 가게 된다면 금상첨화입니다. 그리고 누군가에게 내가 지금 계획한 실험의 목적과 과정, 그리고 그 이유를 설명하는 행위 자체로 인해 내 안의 생각이 정리됩니다. 그와 동시에 상대방은 나의 논리 도출 과정을 들으면서 자신의 연구에 어떻게 적용할지 교훈을 배웁니다. 이렇게 우리는 공생 관계가 되어 서로 존중하고 서로의 시간을 고맙게 여깁니다.

전도를 할 때 일방적으로 내가 그 사람을 가르친다고 생각하는 이유는 전도의 개념이 복음을 모르는 자에게 복음을 전달하는 것이라고 알고 있기 때문입니다. 하지만 계속해서 나누었다시피 전도를 모든 사람이 걷는 구원의 여정에서 나누는 거룩한 대화라는 개념으로 본다면 우리는 그 사람을 길동무로서 존중할 것입니다. 그 사람이 구원의 여정을 걷고 있듯이, 나도 구원의 여정을 걷고 있습니다. 그저 그 사람은 그 여정 가운데 아직 예수님을 만나지 못한 것입니다.

나 또한 예수님을 만나서 칭의를 경험했다고 해서 성화라는 여정을 완료한 것이 아닙니다. 우리는 어디로든 한 걸음씩 발걸음을 내딛는 존재들입니다. 그리고 전도란 그 길에서 길동무들을 만나서 나누는 대화입니다. 그 대화는 아직 예수님을 믿지 않는 자에게도 유익하지만, 예수님을 믿는 자들에게도 힘이 됩니다. 자기가 걷는 그 길이 확실하다는 것을 더욱 깨닫기 때문입니다.

박사 과정 시절 저의 지도 교수님은 연구 발표에 굉장히 큰 비중을 두셨습니다. 매주 실험실 사람들끼리 모여서 미팅할 때면 지금까지 해 왔던 실험의 프레젠테이션을 시키셨습니다. 그리고 이렇게 말씀하셨습니다. "네가 아는 것을 고등학생한테 설명하지 못한다면, 넌 사실 그걸 잘 모르고 있다는 뜻이야."[8] 내가 믿는 복음을 잘 설명하지 못한다면, 그 복음을 얼마나 잘 알고 있는지 고민해 볼 필요가 있습니다.

교회의 문화는 독백에 너무 익숙해졌습니다. 설교를 열심히 듣기는 했지만, 설교해 보지는 못했습니다. 남의 생각을 듣기는 했지만 내 생각을 말하지는 못합니다. 목사님과 교회 리더십이 상을 차려서 떠먹여 주는 음식에 익숙해져 하나님의 말씀을 스스로 상고하지 않습니다. 우리는 전도를 통해서 자

---

[8] 아인슈타인의 말을 인용하신 것 같습니다.

신이 얼마나 모르고 있었는지 깨닫고 다양한 사상들과 부딪치면서 우리가 믿는 진리가 얼마나 신빙성이 있는지 알 수 있습니다. 그리고 믿음의 향상이 일어납니다. 나의 입술에서 복음이 선포될 때, 나의 귀에 복음이 메아리칩니다. 그리고 그 복음은 나의 영혼을 회복시키고 예수님을 더욱 닮아가도록 인도합니다.

하나님께서 에스겔에게 말씀하십니다.

> **7** 인자야 내가 너를 이스라엘 족속의 파수꾼으로 삼음이 이와 같으니라 그런즉 너는 내 입의 말을 듣고 나를 대신하여 그들에게 경고할지어다 **8** 가령 내가 악인에게 이르기를 악인아 너는 반드시 죽으리라 하였다 하자 네가 그 악인에게 말로 경고하여 그의 길에서 떠나게 하지 아니하면 그 악인은 자기 죄악으로 말미암아 죽으려니와 내가 그의 피를 네 손에서 찾으리라 **9** 그러나 너는 악인에게 경고하여 돌이켜 그의 길에서 떠나라고 하되 그가 돌이켜 그의 길에서 떠나지 아니하면 그는 자기 죄악으로 말미암아 죽으려니와 너는 네 생명을 보전하리라 겔 33:7-9

자기가 걷는 그 길이 사망으로 가는 길임을 아직 모르는 사람들이 많습니다. 상대방이 듣든 말든, 그 소식을 전했기 때문에 우리는 우리의 생명을 보전할 수 있었습니다. 전도는, 우리가 사는 길입니다.

사실 전도는 그 자체가 주는 유익이 하나도 없더라도 사명이므로 해야만 합니다. 하나님께서 주신 명령입니다. 하나님께서 에스더를 사용하셔서 하만의 계략을 무찌르신 후의 상황을 보십시오. "왕의 어명이 매우 급하매 역졸이 왕의 일에 쓰는 준마를 타고 빨리 나가고 그 조서가 도성 수산에도 반포되니라"(에 8:14). 유대인들이 죽음의 위기에서 벗어났다는 좋은 소식을 전하려는 왕의 역졸들은, '두려움에 떠는 유대인들에게 얼른 구원의 좋은 소식을 들려주어야겠다'라는 고귀한 사명감으로 '빨리' 나갔다고 기록되어 있지 않습니다. 그들이 열심을 다했던 이유는 왕의 어명이 매우 급했기 때문입니다.

우리 또한 마찬가지입니다. 우리가 복음을 전하는 가장 큰 이유는 어명이기 때문입니다. 그 어명은 고대 사회의 신과 같았던 아하수에로 왕과는 비교도 할 수 없는, "하늘과 땅의 모든 권세를"(마 28:18) 받으신 예수님의 어명입니다.

> **19** 그러므로 너희는 가서 모든 민족을 제자로 삼아 아버지와 아들과 성령의 이름으로 세례를 베풀고 **20** 내가 너희에게 분

부한 모든 것을 가르쳐 지키게 하라 볼지어다 내가 세상 끝날까지 너희와 항상 함께 있으리라 하시니라 마 28:19-20

어명을 지키는 것은 왕을 섬기는 자들의 마땅한 의무입니다. 그 소식을 듣는 사람들이 좋은 사람인지, 나쁜 사람인지, 쉬운 사람인지, 어려운 사람인지, 복음을 들을 만한 사람인지 아닌지 판단하는 것은 역졸들의 역할이 아닙니다. 우리의 역할은 그저 그 소식을 전하는 것입니다.

종들이 길에 나가 악한 자나 선한 자나 만나는 대로 모두 데려오니 혼인 잔치에 손님들이 가득한지라 마 22:10

그리고 선하신 하나님은 그 일을 하는 종들을 주인의 즐거움에 참여하게 하십니다(마 25:21). 전도가 우리에게 주는 유익을 생각하다 보면 우리와 대화를 나누기 위해서 시간을 내주는 사람들에게 감사한 마음이 듭니다. 그리고 그 감사의 마음으로 더 좋은 것을 그들에게 주고자 노력하게 됩니다. 전도를 망설이는 사람 중에는 혹시 대답하지 못할 질문을 받을까 봐 두려워서 그렇다는 사람들이 많습니다. "성경이 정말 다 사실이라고 믿는 거야?", "다른 종교를 믿는 사람들은 다 지옥에 간다고 믿는 거야?", "하나님이 정말로 계신다면 왜 세상에는 이렇게 악한 일들이 많이 일어나는 거야?" 등등 아주 어렵고, 합리적인 질문들이 많습니다. 이런 질문들에 대해 논리적인 대답들을 모아둔 책들도 많지만 그 내용이 너무 방대해서, 배울 엄두도 나지 않습니다.

그럴 때마다 전도가 내게 가져다주는 유익을 생각하며 한 걸음 한 걸음 성장하는 재미를 느껴 보시는 것은 어떨까요? 모든 질문에 대한 답변을 다 준비한 후에 전도를 시작한다는 것은 과정을 생략한 채 결말부터 가려는 것입니다. 재밌는 영화를 처음부터 끝까지 보는 게 아니라 바로 마지막 부분으로 넘겨서 보는 것과 같습니다. 예수님께서는 우리에게 모든 민족을 제자로 삼으라고 말씀하셨습니다(마 28:19). 그리고 때를 얻든지 못 얻든지 하나님의 말씀을 전파하는 데 힘쓰라고 명령하십니다(딤후 4:2). 하나님께서는 전도의 미련한 것으로 믿는 자들을 구원하시기를 기뻐하십니다(고전 1:21). 하나님은 전지전능하시고 지금도 역사하시는데 굳이 왜 전도라는 것을 통해서 하나님의 나라를 확장하시는 걸까요? 하나님께서 원하시는 모든 자가 단번에 하나님을 믿을 수 있도록 하실 수 있는 능력이 없는 것일까요?

이는 전도라는 행위 가운데 우리에게 허락하신 놀라운 축복이 있기 때문입니다. 하나님의 일에 동참함으로 인해서 우리 안에 허락하시는 깊은 만족이 있기 때문입니다. 구원의 여정을 함께 걷는 길동무와 하나님에 관하여 이야기하는 과정 가운데 하나님께서 예비해 놓으신 축복이 있기 때문입니다. 그 기쁨과 축복을 누리는 우리 모두가 되기를 기대하고 기도합니다.

기성세대의 오해 3:
온라인 전도가 미래다

요즘 MZ세대는 초연결 사회를 살아가는 디지털 원주민이라고 표현됩니다. 이를 뒷받침하는 근거로 2023년 리포트에 따르면 전 세계 MZ세대는 평균적으로 하루 7시간 이상 인터넷을 사용한다고 합니다.[9] 자는 시간과 일하는 시간을 제외한다면 깨어 있는 대부분의 시간에 인터넷을 사용하는 것입니다. 인터넷을 사용하여 정보를 습득하는 것이 당연한 세대이고, 그를 넘어 SNS를 통해 사람들과 관계를 형성하고 하나의 문

---

[9] https://datareportal.com/reports/digital-2023-global-overview-report

화를 이룩합니다. 메타버스라는 단어의 유행은 지났을지 모르지만 그 개념은 남아서 디지털 세상에서 이루어지는 사회에 대한 연구가 활발하게 진행되고 있습니다.

특별히 최근 코로나19의 대유행으로 직장, 학교, 사회 전반적인 영역에서 비대면으로의 급격한 전환이 일어났습니다. 또한 그를 뒷받침할 기술적 발달도 점점 가속화되고 있습니다. 이런 문화의 흐름에 따라 교회에서도 온라인 매체를 통한 목양과 전도의 필요성이 부각되었습니다. 예배 실황이 유튜브에 송출되고, 짧은 영상과 사진, 글들을 SNS에 업로드하여 예수 믿는 문화를 알리고자 노력합니다. 하나님의 복음을 더 많은 사람에게, 더 빨리, 접근성 있게 전할 수 있다는 장점이 있습니다. 특별히 기술 발전에 더 빨리 적응하는 MZ세대를 공략하는 필수적인 요소로 자리 잡고 있습니다.

하지만 믿지 않는 사람들과 온라인으로 대화할 때 몇 가지 주의해야 할 부분이 있습니다. 첫째로, 온라인상에서는 진솔한 대화가 어려울 수 있다는 것입니다. 이 책의 전체적인 요지는 전도가 일방적인 메시지 전달이 아니라 대화라는 것입니다. 대화를 할 때는 단순히 서로 언어적 정보만 공유하는 것이 아니라 표정, 손짓 같은 비언어적 정보를 통해서 감정과 마음을 전달합니다. 온라인, 특히 SNS같이 불특정 다수와 함께 대화를 나누는 장(場)에서는 비언어적 정보의 교환이 없기 때문에 그 영혼을 사랑하는 마음이 잘 전달되지 않을 수 있습니다.

또한, 페이스북이나 인스타그램, 트위터처럼 비동시적으로 대화를 나눌 때는 상황에 맞는 전략을 사용할 수 없을 때가 많습니다. 저도 소개를 받은 친구들과 온라인에서 하나님의 살아 계심에 관련해서 대화를 나눈 적이 많은데, 동시간에 같이 채팅을 하지 않으니 그 사람이 내가 방금 나눈 말에 대해 어떻게 생각하는지, 혹시 제대로 이해하지 못했다면 다른 각도로 어떻게 다시 전달할 수 있을지 전략을 변경해 가며 대화를 진행할 수 없어서 힘들었습니다. 한마디를 하고 상대방이 그 내용을 잘 이해했는지 기다리던 중, 그는 온라인상 정보의 홍수 속에서 내 말에 반대되는 증거를 열심히 수집해서 "이건 어떻게 설명할 건데? 또 이건?"이라는 식으로 진솔한 대화를 회피해 버렸습니다.

온라인의 익명성은 한편으로는 더 솔직하게 대화할 수 있는 환경을 만들어 줍니다. 평생 만날 일이 없을 것이라고 생각하기에 자기 삶의 많은 부분을 솔직하게 나누고 자신의 마음의 문을 활짝 열기도 합니다. 심리상담가에게 자기 마음을 쏟아내듯이 이 사람이 나를 잘 알지 못한다는 것이 오히려 용기를 주어 마음을 더 열게 하는 것입니다. 가장 가까운 친구에게 하지 못했던 말들도 할 수 있습니다.

  '부캐'라는 개념이 유행을 탄 적이 있습니다. 예를 들어, 엔터테이너 유재석 씨가 트로트 가수 유산슬이 되어 활동을 합니다. 그러면 유재석이라는 인물을 이미 알았던 사람이라도 유산슬의 복장을 한 유재석 씨를 처음 본 것처럼 행동하고 그 역할극에 동참합니다. 이와 같이 인터넷 세상에서는 각자가 그 세상에 맞는 '부캐'를 가지고 활동합니다. 현실에서는 소심하고 유약할지라도 인터넷 세상에서는 강하고 자신감이 넘치는 사람이 될 수 있습니다. 현실에서는 남성성이 강한 사람일지라도 귀여운 강아지들을 좋아하는 모습을 숨기지 않을 수 있습니다. 그 모습이 자신의 솔직한 모습인 경우에는 괜찮지만, 인터넷 문화 속에서 재미로 그런 캐릭터를 만들어서 다른 사람들의 인정과 관심을 받는 것을 주된 목적으로 삼는 사람들도 많습니다.

  이는 특별히 SNS 대화의 특성상 모든 대화는 공적인 대화이기 때문에 문제가 됩니다. 둘이서 시작한 대화이지만 누구든지 그 대화에 참여할 수 있기에, 남들에게 관심을 받고자 더 자극적이고 논란을 일으킬 만한 말을 하며 논점을 흐리게 하고 대화의 방향성을 잃게 하는 사람들도 있습니다. 그리고 불특정 다수가 볼 수 있다는 사실은 대화를 나누는 사람들의 여유를 잃게 합니다. 피터 버고지언과 제임스 린지는 이렇게 말합니다. "구름 같은 군중 앞에서 잘 보이기를 바라며 뭔가를 주장한다고 생각해 보라. 일대일로 사적인 대화를 할 때와 비교하면, 내 입장을 얼마나 더 맹렬히 주장하겠는가. 생각을 바꾸거나 논쟁에서 '패배'하면 수치라고 여겨지기에, 온라인상의 토론은 엉망으로 틀어져 버리기 일쑤다."[10]

온라인상에서 대화를 나누는 두 사람은 가면을 쓴 군중이 관중석을 가득 메운 콜로세움에서 생존을 위해 싸우는 검투사와 같습니다. 경기장에서 내가 휘두르는 검 한 번 한 번은 군중이 눌러 주는 '좋아요'를 통해 평가됩니다. 그러다 어느 순간 사람들이 갑자기 경기장으로 뛰어나와 자신만의 칼을 들고 참전합니다. 나는 분명 한 명과 싸우고 있다고 생각했는데, 다른 곳에서 눈먼 칼이 날아옵니다. 결국에는 더 합리적인 논리와 신빙성 있는 증거를 가진 사람의 의견이 옳은 것이 아니라, 더 많은 '좋아요'를 받은 사람이 승리합니다. 예의 바르고 지적인 대화의 장이라기보다는 더 많은 관심을 받고자 하는 공작들의 의미 없는 날갯짓만 가득합니다.

두 번째로, 사람들은 디지털 세상에서 큰 피로감을 느낍니

---

[10] 피터 버고지언, 제임스 린지, 『어른의 문답법』(*How to have impossible conversations*), (서울: 월북), 82.

다. 많은 학술 자료에 따르면 SNS에 많은 시간을 보내는 이들은 정보의 과부화로 인해 피로감을 느낀다고 합니다.[11] 인터넷에서 쏟아지는 정보들 속에서 어떤 정보가 옳은지, 어떤 정보가 가짜 뉴스인지 판단하는 과정에서 불안함을 느끼기도 합니다. 이것은 현재 챗GPT와도 같은 생성형 인공지능의 발달로 더욱 심화될 것입니다. 그래서 인터넷 매체의 알고리즘으로 인한 연관 영상이나 자기가 옳다고 느끼는 것들에 동의하는 사람들의 영상들만 보는 것을 더 편하게 느끼고, 결국 정보의 반향실 효과가 더해지며 점점 더 사회는 분열됩니다.[12] 이런 편 가르기를 좋아하는 디지털 세상에서는 서로 다른 생각을 가진 사람들과의 대화가 어렵습니다.

하지만 이런 문제점들 때문에 온라인 전도를 포기하기에는 그 이점이 너무나도 분명합니다. 건강상의 이유로 직접 만날 수 없는 분들을 양육할 수 있고, 전 세계 어느 곳에도 하나님의 복음을 단번에 전할 수 있습니다. 베드로의 설교 한번으로 삼천 명의 사람들이 주님께로 돌아왔지만(행 2:41), 유명 목

---

11 Whelan, Eoin, A. K. M. Najmul Islam, and Stoney Brooks. "Is boredom proneness related to social media overload and fatigue? A stress-strain-outcome approach." *Internet Research* 30, no. 3 (2020): 869-887.

12 Finkel, Eli J., Christopher A. Bail, Mina Cikara, Peter H. Ditto, Shanto Iyengar, Samara Klar, Lilliana Mason et al. "Political sectarianism in America." *Science* 370, no. 6516 (2020): 533-536.

사님의 설교는 유튜브에서 백만 번이 넘는 조회수를 기록하기도 합니다. 그래서 온라인 전도 방법의 장점을 유지한 채 약점을 보완하는 방법을 취하는 것이 필요합니다.

이를 위해 먼저 가능하면 개인적인 대화를 시도하기를 권장합니다. 페이스북이나 인스타그램, 트위터에서 복음에 대한 대화를 나누다가 관심을 표하는 사람이 생겼다면, 이메일이나 개인 메시지로 대화를 이어 가자고 제안할 수 있습니다. 개인적으로 대화를 나누게 되면 불특정 다수에게 인정과 칭찬을 듣고자 하는 동기를 제거할 수 있습니다. 또한, 관계없는 다른 사람이 대화에 참여하여 주의 집중을 깨트리는 일도 예방할 수 있습니다.

그리고 영상 커뮤니케이션 소프트웨어를 사용해서 대화를 나누는 것이, 더 깊은 이야기를 나눌 때 도움이 됩니다. 언어적, 비언어적 정보 전달 방식이 동시에 사용될 수 있기 때문입니다. 하지만 문자나 메신저같이 짧은 메시지를 주고받는 것이 익숙한 MZ세대는 이런 대화 방식에 부담을 느끼기도 합니다. 그들의 마음을 헤아리고 그들의 방식을 존중하여 도구를 활용하는 것이 중요합니다.

또한 공동체로 인도하는 것이 필수적입니다. 하나님은 우리를 사회적 창조물로 만드셨기 때문에 우리는 공동체를 이루고 살아야 합니다. 이를 위해서 온라인으로 공동체를 만들어서 사역할 수도 있지만 가능하다면 지역 교회에 참석하도록 추천해 주는 것이 좋습니다. 그들이 예수님을 믿는 지역 공동체와 함께하여, 삶의 깊은 나눔과 소속감을 경험하도록 해야 합니다. 사도행전의 교회의 모습이 바로 그런 모습이었습니다(행 2:44-47).

온라인에서 누군가를 만나서 예수님을 소개했다면 그 영혼의 모든 부분을 처음부터 끝까지 책임질 필요는 없습니다. 나를 통해 예수님의 복음을 처음으로 전달받은 그를 공간적, 시간적 제약이 있어서 관리하기 어렵다면, 믿음직스러운 다른 지역 교회를 소개해 주는 것도 하나님의 인도하심을 신뢰하는 한 방법입니다. 『천로역정』의 등장인물처럼 우리는 그 한 영혼의 구원의 여정에서 짧은 기간 길동무가 되었을 뿐입니다. 주인공에게 복음을 전한 전도자는 그의 여정의 전부를 책임지지는 않습니다. 사는 지역이 다르다면 그가 참석할 수 있는 거리에 좋은 교회가 있는지 조사해 보고, 신뢰하는 목사님 혹은 교회 리더십과 논의해 본 후 그가 교회 공동체에 정착할 수 있도록 도울 수 있습니다.

안타깝지만 많은 믿음의 선배가 기술적인 한계에 부딪혀 다음 세대를 향한 전도를 포기하는 것을 봅니다. 디지털 원주민인 젊은 세대에 다가가는 것은 신문물을 빨리 받아들인 사람들의 전유물이라고 생각하는 것 같습니다. 물론 각 세대에 맞는 방법으로 다가가는 것이 필요합니다. 하지만 다음 세대를 향한 전도를 디지털 세상에 국한시키는 것은 전도의 다면성을 고려하지 않은 전략적 리스크입니다.

교회의 한 집사님과 함께했던 노방전도 사역이 기억납니다. 이민 1세대인 그분은 나이도 지긋하시고 영어도 서툴렀습니다. 저는 그래서 청년들을 상대로 전도 사역을 할 때는 속으로 걱정을 하기도 했습니다. 하지만 그 집사님께서 청년들과 대화를 나누기 위해 그들의 언어를 배우고, 그들에게 맞는 새로운 전략을 세우고, 복음을 담대하게 전할 때, 그들이 예수님께로 돌아오는 것을 보았습니다.

다음 세대를 향한 전도 사역은 모든 세대가 함께할 수 있습니다. 교회 청년들에게 열심히 청년 세대를 살려 보라고 밥 한 끼 사 주는 것을 넘어서서 능동적으로, 동역자로서 헌신할 수 있습니다. 예를 들어 청년들이 온라인으로 전도해서 교회로 데리고 온 친구들을 사랑으로 섬기고 훈련해 줄 수 있을 것입니다. 혹은 영상 커뮤니케이션 도구를 배워서 멀리 떨어져서 사는 청년들의 고민을 들어 주거나 삶의 지혜를 나눌 수 있습니다. 어떤 방법이 되었든지 다음 세대의 전도는 모든 세대의 협동이 필요한 과제입니다. 온라인이든, 오프라인이든, 때를 얻든지 못 얻든지, 복음을 전해야 합니다.

이제 이 장을 마무리하고자 합니다. 젊은 세대를 위한 전도에서 온라인 전도는 빠질 수 없는 주제입니다. MZ세대는 깨어 있는 시간 대부분을 온라인에서 보내는 디지털 원주민이기 때문입니다. 온라인 전도의 한계점을 이해하고 개선점을 찾아 다음 세대에게 하나님의 복음을 잘 전달할 수 있는 좋은 도구로 사용해야 합니다.

기성세대의 오해 4: 교회만 오게 하면 된다

김 집사님은 오랜만에 연락이 닿은 고향 친구에게, 타지에서 상경하는 자신의 조카가 교회 잘 다니고 신앙생활 잘 할 수 있게 지도해 달라는 부탁을 받았습니다. 김 집사님은 청년부 회장에게 그 조카를 소개시켜 주며 잘 돌보아 주라고 요청했습니다. 하지만 청년부 회장은 맡은 사역이 많아서 신경을 잘 못 써주었고 이에 새가족 케어를 담당하는 다른 청년에게 그 자매를 인계합니다. 그렇게 몇 주가 지나갔습니다. 잘 알아듣지 못하는 설교에 흥미를 느끼지 못하고, 잘 알지 못하는 사람들과의 어색한 만남이 부담스러웠던 그 조카는 조용히 교회를 떠나고 말았습니다.

안타깝게도 우리 주변에서 자주 일어나는 일입니다. 복음을 알지 못하는 사람들을 교회에 초대하고는, 어떻게든 알아서 복음을 믿기를 바랍니다. 새해를 맞이해 구매한 실내 식물들이 신경 쓰지도 않아도 잘 자라기를 기대하는 것과 같습니다. 맹모삼천지교나 근묵자흑이란 말을 쓰며, 좋은 환경을 만들면 그들이 자연스럽게 복음을 접하게 되리라고 생각합니다. 삼투 현상은 세포막 같은 반투막을 사이에 두고 물의 농도가 높은 곳에서 낮은 곳으로 이동하는 현상으로, 배추에 소금을 뿌리면 자연스럽게 배추 안에 있는 물이 나와서 배추가 숨이 죽는 것이 한 예입니다. 우리 교회 안에 복음이 충만해서, 복음의 농도가 짙어서, 예수님을 믿지 않는 사람들이 우리 교회에 왔을 때 자연스럽게 삼투 현상처럼 스며든다면 얼마나 큰 복일까요? 생각만 해도 가슴이 뛰는 일이겠지만 하나님께서는 구원의 방법으로 '언어'를 사용하기로 하셨음을 기억해야 합니다.

하나님의 말씀은 먼저 인격과 인격 사이에서 말로 전달되었고, 곧 글로 쓰여 우리에게 이어졌습니다. 그리고 우리는 그 말씀 가운데 선포된 좋은 소식을 믿음으로써 구원을 받았습니다. 성령의 감동을 받은 사도 바울은 이렇게 선포합니다.

> 13 누구든지 주의 이름을 부르는 자는 구원을 받으리라 14 그런즉 그들이 믿지 아니하는 이를 어찌 부르리요 듣지도 못한 이를 어찌 믿으리요 전파하는 자가 없이 어찌 들으리요 롬 10:13-14

다시 말하면 구원받으려면 예수님에 관하여 들어야 한다는 것입니다. 교회 안에서 예수님이 선포되지 않는데, 단순히 예수님을 믿는 사람들이 모여 있기 때문에 삼투압처럼 그 믿음이 누군가에게 전달될 것이라고 생각하는 것은, 시험 전날 공부를 마치지 못한 학생이 지푸라기라도 잡는 심정으로 교과서를 베개 밑에 두고 잠자리에 드는 것과 같습니다.

예수님을 믿는 사람들만 모였던 사도행전의 교회와 달리 현대 교회에는 다양한 믿음의 여정을 걷는 사람들이 예배에 참석하기 때문에, 모두가 유익을 얻을 수 있는 예배의 형식으로 이끄는 것이 중요합니다. 하지만 안타깝게도 이 좋은 의도를 왜곡해서 교회 안에서 복음을 선포하지 않는 것을 보았습니다.

예를 들어 요즘 찬양 중에는 '예수님'이라는 이름이 등장하지 않는 찬양들이 많습니다. 한국의 언어적 특성상 높으신 분의 이름을 잘 부르지 않기 때문인지, 영어 가사에는 Jesus라고 되어 있지만 '주님'이라고 번역하는 경우가 많습니다. 예수님의 이름뿐만 아니라 십자가에서 죽으셔서 우리를 구속하신 일이나 부활 등 다른 종교와 구별되는 신학 또한 부재합니다. 그런 곡들로 찬양할 때는 이런 생각이 듭니다. '이슬람 사원에 청년부가 있다면 똑같은 찬양을 불러도 이상할 게 없겠구나.'

'football'이라는 단어가 있습니다. 같은 영어권 문화이지만 미국에서는 미식축구를, 영국이나 호주에서는 축구를 의미합니다. 이렇듯 언어라는 것은 그 언어를 공유하는 공동체의 사회적 합의에 따라 뜻이 달라집니다. 같은 단어라도 전혀 다른 의미를 가질 수 있습니다. 예수님을 믿는 교회 안에서 '주님'이라는 단어는 당연히 '천지를 창조하신 하나님이 인간의 몸을 입고 이 땅에 오셔서 십자가를 통해 우리 죄를 구속하시고 삼 일 만에 다시 살아나셔서 부활의 첫 열매가 되신, 장차 다시 오실 왕이신 예수님'이라고 받아들여야 합니다.

그러나 앞서 말한 것처럼 현대 교회의 예배에 참석하는 분들은 믿음의 여정이 너무나도 다양하기 때문에 '주님'이라는 단어의 의미가 모두에게 직관적으로 받아들여지지는 않습니다. 누군가는 나를 지켜 주고 나를 성공으로 이끄는 램프의 요정인 '주님'을 생각하고, 또 다른 누군가는 나를 판단하고 심판하시는 무서운 '주님'으로 생각할 수도 있습니다. 만약 예배를 드리는 이들이 서로 다른 '주님'을 생각하며 찬양한다면 여호와의 성전에 다른 우상들이 있었던 에스겔의 환상과도 같은 상황일 것입니다(겔 8:10-11). 우리가 섬기는 주님이 누구신지 분명하게 선포하고, 예배자들을 바로 그 주님을 향한 예배의 자리에 초대해야 합니다. 서로 다른 하나님을 찬양한다면 하나님께 대한 모독이 아닐 수 없습니다.

전도에 관한 책에서 찬양과 예배를 이야기하는 것이 의아한 분들도 있을 것 같습니다. 하지만 찬양과 전도는 사실 동전의 양면과도 같습니다. 찬양은 영어로 'praise'입니다. 이 단어에는 '칭찬한다'는 뜻도 있습니다. 찬양은 칭찬하는 것입니다. 하나님께서 행하신 일들을 칭찬하는 것입니다. 이 칭찬을 칭찬의 대상에게 직접 하는 것이 찬양이고, 다른 사람에게 하는 것이 전도입니다. 내가 친구에게 어떤 사람을 칭찬한다면, 나는 친구가 그 사람을 좋아하기를 바라는 마음이 있기 때문입니다. 내가 그 칭찬의 대상을 명확하게 칭찬할 때, 내 친구는 그 사람을 정확하게 알게 됩니다. 이와 같이 우리는 아직 예수님을 모르는 사람도 함께 모이는 교회 안에서 하나님께 드리는 찬양을 명확하게 할 의무가 있습니다. 찬양으로 우리가 섬기는 하나님이 어떤 분이신지를 나타낼 수 있기 때문입니다.

또한 믿지 않는 자들을 위한다는 명목하에 기독교적 색채를 지워 버린다는 것은 전략적 개념으로 보았을 때도 비효율적입니다. 만약 애플이 자사의 핸드폰이 얼마나 삼성 핸드폰과 동일한지 강조한다면 무슨 의미가 있겠습니까? 아이폰의 디자인, 운영체제의 심플함같이 다른 회사의 핸드폰이 줄 수 없는 것들을 강조해야 합니다.

마찬가지로, 예배의 찬양 시간이 세상 음악을 하는 가수의 콘서트와 동일하다면 그리고 설교 시간이 유명 강사들이 하는 동기 부여 강의와 동일하다면, 교회에 와야 하는, 또한 예수님을 믿어야 하는 이유를 찾을 수 없을 것입니다. 예수님은 밭에 감추인 보화와도 같고, 귀한 진주와도 같습니다(마 13:44-45). 그 보화를 '판매'하는 가장 좋은 수단은 그 보화를 보여 주는 것입니다. 그 보화를 품은 보자기가 얼마나 트렌디한 천인지, 어떤 색깔이고 어떤 소재로 만들어졌는지는 중요하지 않습니다. 세상의 말을 경청하고 공감대를 형성하는 과정은 그들이 이 보화를 색안경을 끼지 않고 볼 수 있도록 마음 밭을 준비시키는 과정일 뿐입니다. 그 과정 이후로는 예수님의 아름다우심을 여과 없이 보여 주어야 합니다. 복음이 세상의 메시지와 다르다는 것은 강점이지 약점이 아닙니다.

현대 교회에는 다양한 여정을 걸어가는 분들이 함께 모여 있기 때문에, 모두가 이해하고 모두가 만족할 만한 적정선을 찾기가 어렵습니다. 특별히, 예수님을 믿는 사람들만 모였던 사도행전의 교회와는 달리, 현대 교회는 아직 믿지 않는 분들도 초대를 통해서 혹은 호기심에 이끌리어 모일 수 있는 곳입니다. 이런 상황에서 목사님이 다윗이 골리앗을 이긴 이야기라든지, 아브라함이 믿음으로 자기 아들을 바치기를 주저하지 않았다는 내용을 설교한다면 무슨 뜻인지 잘 못 알아듣는 분들도 있을 것입니다.

최근 십 년이 넘는 기간 동안 하나의 세계관을 공유하는 영화들이 많이 개봉했습니다. 마블 시네마틱 유니버스를 예로 들 수 있는데, 2023년 현재까지 30편이 넘는 장편 영화들과 10편에 가까운 드라마 시리즈물이 개봉되어, 각 작품을 꼭 챙겨 본 사람들에게는 그들만이 이해할 수 있는 유머코드라든지 이스터 에그를 통해서 소속감을 느끼게 해 주지만, 그렇지 않은 사람한테는 큰 진입 장벽이 됩니다. 새로 나온 영화를 보려고 해도, 이전 내용을 알지 못하면 제대로 즐길 수 없을 것 같아 시작조차 못합니다. 이와 같이 교회를 오래 다닌 사람들에게는 설교가 아주 쉽게 이해될 수 있겠지만, 예수님을 알고 싶어서 처음 예배에 참석한 사람들에게는 앞뒤 상황 설명을 해 주지 않는 불친절한 영화를 시청하는 것처럼 느껴질 수도 있습니다.

우리는 다양한 믿음의 여정 가운데 서 있는 사람들 모두에게 덕이 되는 예배, 그런 예배를 꿈꿉니다. 하지만 그와 동시에, 공예배라는 형식의 제한성도 인정해야 합니다. 지금까지 전도는 대화라는 것을 강조했습니다. 하지만 공예배는 일방적인 소통으로 진행됩니다. 강대상에서 말씀을 선포하는 목사님 입장에서는 다양한 영적 수준을 가진 예배자들 각각에게 딱 맞는 설교를 하는 것이 어렵습니다. 특별히 대형교회일 때는 더욱 그렇습니다.

그러므로 단순히 믿지 않는 사람들을 교회로 초대하는 것으로 자신의 역할을 다했다고 생각하지 말고, 그들의 여정에 도움이 되는 거룩한 대화를 상황에 맞게 소그룹, 혹은 개인적으로 이어 나가는 것이 중요합니다. 교회에서는 그 대화를 가능케 하는 자리를 새가족반, 제자반, 순모임 등 다양한 방법으로 만들어 주는 것도 하나의 전략일 것입니다. 나아가서, 교회는 개인이 그의 믿음의 여정에서 가진 생각들을 솔직하게 서로 나눌 수 있는 안전한 공동체가 되어야 합니다.

지금까지의 내용은 이미 오랜 시간 교회에 출석한 사람들에게도 마찬가지로 적용되는 부분입니다. 교회 안에 수없이 많은 사람이 모이지만 그중 몇 명이나 복음을 진정으로 알까요?

시내 노방전도 중 일어난 일입니다. 한 청년이 전도는 처음이라고 하면서 어떻게 하는지 방법을 알려달라고 저에게 부탁을 했습니다. 사영리 책자로 전도를 하는 방법을 알려주는데 한 페이지씩 넘길 때마다 청년의 눈에 눈물이 고이더니 마지막에는 예수님을 영접하고 싶다고 고백을 하였습니다. 그래서 우리는 함께 기도했고, 그 청년은 예수님을 믿기로 결단했습니다. 그가 예수님을 믿는 여정에 내가 도움이 되어서 기뻤지만, 한편으로는 안타까웠는데 그 청년이 지난 몇 년간 소그룹 리더로 섬기고 있었기 때문입니다.

이처럼 교회를 오래 다녔고 사역도 했지만 복음이 어떤 보화인지 알지 못하는 사람이 많습니다. 그래서 전도 폭발이나 다양한 전도 방법을 훈련받은 청년들과 함께 교회 안에서 복음에 대한 고민과 생각들을 나누었습니다. 그 사역을 'reaching in'이라고 불렀는데, 노방전도나 전도, 선교 여행을 'outreach'라고 부르는 점에서 따왔습니다. 분명 '밖'으로 나가는 선교는 예수님께서 우리에게 주신 지상명령이지만, 교회 '안'에서도 복음이 명확히 전달되어야 합니다.

이 사역을 하면서 저는 교회는 오래 다녔지만 복음이 무엇인지 알지 못했던 경우들을 많이 보았습니다. 어떤 분은 체면 때문에 공적인 자리에서는 자신이 복음을 모른다고 밝히지 못했지만, 개인적인 대화에서는 자신의 고민을 털어놓았습니다. 좋은 교회에 다닌다는 집단 정체성으로 자신의 믿음도 좋을 것으로 착각하지만, 개인적인 대화를 하다 보면 자신의 진짜 모습이 드러나는 것입니다. 정체성이 깨어지는 시간은 불편하지만, 단단한 복음의 반석 위에 자신을 세우는 귀한 시간입니다. 교회 안에서 그런 믿음의 의심과 관련된 질문들을 제시하고 대화를 나누는 것이 자연스러운 문화를 세우는 일이 중요합니다. 질문을 했을 때 잘못된 생각이라고 비판을 하거나, 그것도 모르냐며 무안하게 하는 문화에서는 점점 더 자신의 생각을 표현하지 않게 되고, 자신의 믿음은 괜찮다는 착각 가운데 빠져들기가 쉽습니다.

이제 이 장을 마무리하며 리차드 피스 박사의 '거룩한 대화'라는 개념을 다시 한 번 되새겨봅니다.[13] 모두가 걷고 있는 순례의 길에서 어떤 누군가는 사울처럼 예수님을 대적하는 길에 서 있고, 다른 누군가는 예수님을 믿고 싶어 방향을 선회했지만 어디로 갈지 몰라 방황할 수 있고, 또 다른 누군가는

---

[13] 홍성철 편, 『전도학』 중 리차드 피스의 '복음전도와 회심', (서울: 도서출판 세복), 179-180.

예수님을 내 삶의 구주로 영접하겠다고 고백했지만 자신의 삶의 모든 영역에 복음의 능력을 적용시키는 성화의 과정에서 큰 시련을 겪고 있을지도 모릅니다. 이 순례자들의 현재 상황과 마음의 상태를 이해하고 다음 50미터를, 그다음 100미터를 어떻게 함께 걸어갈 수 있을지 고민하는 것이 거룩한 대화입니다. 우리 모두의 교회에서 이런 거룩한 대화가 끊임없이 일어나기를 바랍니다.

교회에 왔으니 자연스럽게 구원의 역사가 일어나리라고 생각해서는 안 됩니다. 바울이 빌립보 교회를 향해 하는 말을 들어보십시오.

> 그러므로 나의 사랑하는 자들아 너희가 나 있을 때뿐 아니라 더욱 지금 나 없을 때에도 항상 복종하여 두렵고 떨림으로 너희 구원을 이루라 빌 2:12

구원은 예수 믿는 자들의 공동체가 함께 이루어 갈 수 있습니다. 순모임이든, 새가족반이든, 심방, 혹은 교회 로비에서 우연히 마주쳤든, 만나게 허락하신 사람들과 거룩한 대화를 통해서 구원을 함께 이루는 귀한 교회 공동체가 되기를 소망합니다.

기성세대의 오해 5:
삶으로 나타내면 된다

최근 전 세계 많은 사람의 공감을 얻으며 총 천만 번 이상의 재생을 기록한 동영상을 본 적이 있습니다. "교회 주차장에서 나를 한 대 때리고 난 뒤 엄마의 모습"이라는 제목으로, 한 아이가 토라진 표정으로 교회 뒤편에 앉아 있고, 어머니는 "나의 주 크고 놀라운 하나님(Our God is an Awesome God)" 찬양을 손을 들고 따라 부르고 있습니다. 한 번씩 뒤를 돌아보며 아들이 또 말썽을 부리지는 않는지 눈빛과 손짓으로 경고하기도 합니다. 기독교 문화권에서 태어나고 자란 세대가 기성세대의 이중적인 모습에 상처 받은 것을 유머로 풀어낸 영상입니다. 그리고 이런 모습에 대한 자성의 목소리는 말로 하는 전도가 아닌 삶으로 나타내는 전도를 요구합니다.

미국에서 아직 예수님을 믿지 않는 Z세대를 대상으로 한 설문 조사에 따르면 그들은 말로 하는 전도보다 행동으로 보여 주는 전도 방법을 가장 매력적이라고 생각한답니다.[14] 화려한 수사학적 방법들도 있겠지만 우리는 예수님의 복음을 먼

---

14 https://www.barna.com/research/gen-z-witness/

저 행동으로 보여 주어야 합니다. 예수님께서는 이렇게 말씀하셨습니다.

> 이같이 너희 빛이 사람 앞에 비치게 하여 그들로 너희 착한 행실을 보고 하늘에 계신 너희 아버지께 영광을 돌리게 하라 `마 5:16`

우리가 예수 그리스도를 의지함으로 겸손하게 살 때, 주변 사람들은 우리를 통해서 예수님을 보고, 하나님께 영광을 돌리게 될 것입니다.

하지만 앞서 나누었듯이 복음을 전할 때는 언어가 필수적임을 기억해야 합니다. 하나님께서는 우리에게 성경을 주셨습니다. 입에서 입으로 전달되었던 하나님의 말씀이 이제는 책으로 남겨져 있습니다. 우리는 그 책을, 저자의 의도에 맞게 읽어야 하나님의 뜻을 깨달을 수 있습니다.

> 13 누구든지 주의 이름을 부르는 자는 구원을 받으리라 14 그런즉 그들이 믿지 아니하는 이를 어찌 부르리요 듣지도 못한 이를 어찌 믿으리요 전파하는 자가 없이 어찌 들으리요 `롬 10:13-14`

복음이 전도자에게서 대상자에게로 전달되고, 복음을 들

은 사람이 그 내용을 믿고, 그 믿음을 바탕으로 주의 이름을 부를 때 구원을 받는다는 것입니다. 이런 단계적 과정은 다른 정보 전달과 마찬가지로 복음 전달에도 논리성이 필요함을 보여 줍니다. 먼저 좋은 소식의 내용이 정확하게 전달되어야 합니다. 그리고 듣는 자는 그 내용을 잘 이해해야 합니다. 그리고 그 이해한 내용에 대하여 적절하게 반응해야 합니다.

코로나19의 대유행 중에 이런 정보 전달 과정을 모두들 겪어 보셨을 것입니다. 정부는 지침을 명확하고 신속하게 전달할 의무가 있고, 듣는 대상자들은 그것을 잘 이해하여 그에 맞는 행동을 취해야 했습니다. 그리고 주변에 아직 그 소식을 듣지 못한 사람들에게 정보를 공유했습니다. 이 모든 정보 전달은 언어적 표현으로 이루어집니다. 만약에 정부의 지침을 먼저 받은 사람들이 그 정보를 언어적으로 전달하지 않고 그저 행동으로만 나타내고자 했다면 무슨 일이 일어났을까요? 아무 말 없이 공무원들이 마스크를 끼고 다니고, 자기들끼리 사회적 거리두기를 했다면 말이지요. 그들은 행동으로 무언가를 나타냈지만 그들이 왜 그렇게 행동하는지 다른 사람들은 그 이유를 잘 몰랐을 것입니다. 사도 베드로는 말합니다.

너희 마음에 그리스도를 주루 삼아 거룩하게 하고 너희 속에

있는 소망에 관한 이유를 묻는 자에게는 대답할 것을 항상 준비하되 온유와 두려움으로 하고 벧전 3:15

또한 다른 세계관들을 잘 모르는 사람들에게는 다양한 종교인들의 모습이 다 비슷해 보일 수 있습니다. 정기적으로 종교적 행사에 참여하고, 일상에서 경건하게 생활하고, 이웃들에게 선한 영향력을 끼치려고 노력합니다. 하지만 그렇게 행하는 이유는 행동 자체에서 드러나지 않습니다. 불교신자는 그 행동을 자신의 깨달음을 위한 수양으로, 무슬림은 알라에 대한 절대적 복종의 의미로 종교적 생활을 영위해 갑니다.

예수님을 믿는 우리는 구원을 이루기 위한 과정으로서 선한 행실을 하는 것이 아니라, 예수님의 십자가 사건으로 우리를 이미 의롭다 칭하신 하나님의 은혜에 대한 자연스러운 반응입니다. 선한 행실은 예수님을 통한 구원의 필연적 결과이지, 필수 조건이 아닙니다. 이런 기독교 신앙의 내부적 동기의 차별성을 명료하게 말하는 법을 훈련해야 합니다. 우리의 행실을 보고 그 마음의 동기와 소망을 묻는 자들에게 대답할 준비가 되어 있어야 합니다.

제가 박사 과정을 이수하던 중, 다른 실험실에 있던 동기가 저를 찾아온 적이 있습니다. 가족 관계와 친구 관계에 어려움이 있고, 공부를 마무리하는 문제로 스트레스가 극심해서 마음이 무겁다고 했습니다. 동기가 저에게 물었습니다. "너는 어떻게 그렇게 행복해 보이니?" 저는 하나님께서 주신 기회라는 생각으로 속으로 잠시 기도하고, 말했습니다. "예수님 때문에 행복해. 박사 과정에 성공하는 것, 모든 사람과 사이좋게 지내는 것, 다른 사람들에게 인정받고, 나 자신이 내세운 기준에 부합하는 것이 나의 인생의 반석이 된다면, 그것들을 이루지 못했을 때 내 기반은 무너지고, 나는 균형을 잃겠지. 하지만 변치 않으시는 예수님께서 나의 존재 자체를 인정하시고, 나의 부족함조차도 사랑하심을 믿기 때문에, 그분이 나의 반석이시기 때문에, 나는 흔들리지 않을 수 있어." 그 사건 이후로도 몇 주간 그와 믿음에 관하여 긴 대화를 나누며 믿음의 여정에서 함께 걸을 수 있는 특권을 누렸습니다. 이처럼 선한 행동은 그 자체로 충분한 것이 아니라 예수님의 복음으로 대화를 나눌 시발점으로서 의의가 있습니다.

물론 사도 바울의 말을 인용하여 반론을 제기할 수도 있을 것 같습니다.

> [1] 형제들아 내가 너희에게 나아가 하나님의 증거를 전할 때에 말과 지혜의 아름다운 것으로 아니하였나니 [2] 내가 너희 중에

서 예수 그리스도와 그의 십자가에 못 박히신 것 외에는 아무 것도 알지 아니하기로 작정하였음이라 **3** 내가 너희 가운데 거할 때에 약하고 두려워하고 심히 떨었노라 **4** 내 말과 내 전도함이 설득력 있는 지혜의 말로 하지 아니하고 다만 성령의 나타남과 능력으로 하여 **5** 너희 믿음이 사람의 지혜에 있지 아니하고 다만 하나님의 능력에 있게 하려 하였노라 고전 2:1-5

하지만 바울이 논리적인 말로 복음을 전하면 안 된다고 주장하는 것이 아닙니다. 바울 본인도 회당과 저자에서 만나는 사람들과 변론하였고(행 17:17) 아레오바고에서 설교할 때는 당시 그리스 철학자의 말을 인용하기까지 했습니다(행 17:28). 그러므로 고린도전서 2장의 권면은 1장의 메시지와 함께 보았을 때 고린도 교회가 당시 헬라 철학의 영향 때문에 파가 나뉘고 분쟁이 있었던 것에 대해 말하고 있는 것으로 해석할 수 있습니다. 바울이 정말로 복음을 전할 때 행동으로만 하고 언어적 나눔을 하지 말라는 뜻으로 말했다면 그가 "수고를 넘치도록 하고 옥에 갇히기도 더 많이 하고 매도 수없이 맞고 여러 번 죽을 뻔"(고후 11:23)할 필요가 없었을 것입니다. 그저 착하게만 살고 잠잠히 있었다면 사회적 인정도 받고 안락한 삶을 누렸을 것입니다. 예수님의 증인으로서 우리는 행동뿐만 아니라 말로 예수님의 십자가와 부활을 선포해야 합니다. 예수님의 공생애 사역에서도 가르침과 복음 선포는 병을 고치시고 마귀를 내쫓는 사역과 더불어 이루어진 핵심 사역이었습니다.

예수님은 인간 역사상 가장 논리적이고, 가장 똑똑한 분이셨습니다. 예수님의 겸손과 순종, 사랑과 자비는 많이 강조되었지만 예수님의 타의 추종을 불허하는 지성은 간과되는 경향이 있습니다. 당대 가장 뛰어난 논리학자들이었던 바리새인들, 사두개인들, 그리고 서기관들도 예수님과의 토론에서 이길 수 없었습니다. 순진한 척 덫을 둔 질문을 던졌을 때, 예수님은 명쾌한 논리로 그들 주장의 허점을 파고들었습니다(마 22:15-46). 예수님은 세리들과 죄인들에게 공부를 더 해야 예수님의 제자가 될 수 있다고 이야기하지는 않으셨습니다. 하지만 스스로 지혜롭다는 자들의 말문을 막히게 하는 놀라운 지적 권위가 있으셨습니다. 예수님께서는 단순히 선한 행실과 표적으로만 하나님의 영광을 드러내지 않으셨습니다. 명쾌한 언어적 표현으로도 나타내셨습니다.

그와 반대로, 선한 행실로만 하나님의 살아 계심을 나타내면 된다고 생각하는 성도들이 많습니다. 이는 교회의 이중성 때문에 상처를 입은 자들을 향한 사죄의 마음, 혹은 진정으로 그것이 옳은 방법이라고 여기는 순수한 동기가 될 때도 있지만, 본인이 직접 복음을 전하지 않을 핑계로 사용할 때도 많습니다. '나는 예수님을 잘 믿고 내 삶에서 그 사실을 잘 나타내면 돼. 나를 통해 예수님을 알고 싶다고 하면 그때 교회에 데리고 가면 되겠지. 순장님이랑 목사님이 복음을 전해 주실 거야. 다들 각자 은사에 맞게 하는 거지'라는 마음가짐입니다.

하지만 예수님께서는 제자들을 이렇게 부르셨습니다.

> 너희는 이 모든 일의 증인이라 눅 24:48

증인은 어떤 사람입니까? 법정에서 어떤 일에 대해서 증언하는 사람입니다. 목사나 전도사만 증인이 아닙니다. 예수님의 제자 모두가, 한 사람 한 사람이 증인입니다. 베드로는 유대인에게 부르심을 받고 바울은 이방인에게 보내심을 받았지만(갈 2:8) 둘 다 예수님께서 보내신 증인이었습니다. 우리 또한 주변 사람들에게 보내심을 받은 예수님의 증인입니다. 물론 성령님께서 허락하신 다양한 은사의 종류가 있지만(고전 12:8-11) 증인으로서의 의무는 모두에게 다 있습니다.

현대를 살아가는 우리에게는 예수님의 제자들과는 또 다른 도전이 있습니다. 빌립이 나다나엘에게 한 것처럼 "와서 보라"(요 1:46)고 이웃을 직접 예수님에게로 데려갈 수 없습니다.

그리고 유대인으로서 하나님을 이미 믿고 있던 나다나엘과는 달리 우리의 이웃들은 신의 존재조차도 확신하지 못하는 경우가 허다합니다. 그들의 오해는 깊고, 질문은 광범위합니다. 한 가지 의문을 풀어 주었더니 또 다른 이유를 들어서 예수님을 거부합니다. 그들의 마음을 바꾸는 것은 불가능한 일인 것 같습니다.

이럴 때는 지난 장에서 나누었던 것처럼 우리의 목적이 직접 골을 넣는 것이 아니라, 우리의 감독 되시는 하나님께서 우리에게 맡기신 역할을 잘 이행하는 것임을 기억해야 합니다. 하나님께서 그들의 영혼을 우리가 사랑하는 것보다 더 사랑하심을 기억하며, 우리는 우리에게 허락하신 이 순간에 최선을 다하면 그 영혼의 구원의 길은 하나님께서 인도하실 것입니다. 우리는 그저 맡은 바 최선을 다하면 될 뿐입니다. 그것이 행동이 되었든, 언어적 표현이 되었든 말입니다.

이제 이 장을 마무리하고자 합니다. 젊은 세대는 예수님을 믿는 기성세대가 보인 위선적인 모습에 상처를 많이 받았습니다. 그러므로 우리는 예수님의 사랑을 입으로 전할 뿐만 아니라 우리 삶의 모든 부분에 복음이 적용되도록 기도하고 노력해야 합니다. 하지만 그와 동시에 행동으로만 복음을 전하려는 함정에 빠지면 안 됩니다. 행동 자체만으로는 그 신한 행실의 이유가 드러나지 않기 때문입니다. 예수님과 예수님의 제자들이 그랬던 것처럼 우리 모두가 행동과 말을 통해 예수를 증언하는 삶을 살기를 기도합니다.

대화는 전도다

책을 마무리하며, 나누고자 했던 대전제를 다시 한 번 생각합니다. 전도는 대화입니다. 듣든지 말든지 선포하는 독백이 아닙니다. 전도자는 모든 것을 다 이룬 교육자가 아닙니다. 함께 진리로 걸어가는 구도자입니다. 전도는 구원의 여정을 걸어가는 사람들이 만나 나누는 대화입니다. 전도의 개념이 일방적인 선포에 머물러 있을 때 구도자들은 실망하고 떠나갑니다. 특별히 소통을 중요하게 생각하는 청년 세대에게 다가갈 때 이것을 기억해야 합니다. 성령의 충만함을 받은 제자들이 각 지역 방언으로 하나님의 큰 일을 전했던 것처럼(행 2:4-11), 바울이 유대인에게는 유대인처럼, 이방인에게는 이방인처럼 다가간 것처럼(고전 9:20-21), 우리 또한 '대화'라는 언어로 다음 세대에게 다가가야 합니다. 성령의 충만함 가운데 다가가고, 그들의 생각을 경청하고, 공감대를 형성하고, 복음을 선포하고, 그들의 반응을 기다리는 모든 단계가 전도입니다. 이웃에게 베푸는 친절, 하나님의 존재에 대해 의문을 품게 하는 질문, 죄의 문제와 그 해결책 되시는 예수님의 십자가와 부활의 선포, 그리고 그들의 반응을 기도로 기다리는 인내, 이 모든 것이 하나님이 사용하시는 전도의 방편입니다.

전도는 대화입니다. 그리고 대화는 전도입니다. 소금은 주변을 짜게 만들지 말지 고민하지 않습니다. 닿는 모든 것을 짜게 만듭니다. 빛 또한 주변을 밝게 만들지 말지 선택하지 않습니다. 비추는 모든 곳을 밝게 만듭니다. 그리스도가 우리 안에 계신다면(롬 8:9-10) 그는 드러나십니다. 예수님을 주님으로 모신 사람들은 삶에서 티가 납니다. 그들은 세상 사람들이 원하는 부와 명예, 안락함이 아닌 세상이 모르는 그것을 바라보고 살아갑니다.

> 믿음의 주요 또 온전하게 하시는 예수를 바라보자 히 12:2

예수를 주목하고 살아가는 사람들은 예수님께서 바라시는 것, 예수님께서 원하시는 것을 지향하며 살아갑니다. 그렇기에 대화의 내용이 다릅니다. 예수 믿는 사람들이 나누는 대화에는 분명한 방향성과 목적성이 있습니다. 예수 믿는 사람들의 대화에서는 예수님이 드러납니다. 그러므로 예수 믿는 사람들의 대화는 전도입니다. 예수님을 아직 모르는 사람과 나누는 대화뿐 아니라, 이미 예수님을 믿고 있다고 생각하는 (혹은 착각하는) 사람들과도 전도를 위한 대화를 나누어야 합니다. 딱히 '전도해야겠다'라고 마음먹었기 때문이 아닙니다. 그저 예수님께 사로잡혀서 모든 말과 행동에 예수님이 담겨 있는 것입니다.

이것이 우리 모두의 모습이 되기를 바랍니다. 이 책에서는 방법론적 이야기를 나누었지만 사실 우리가 다음 세대를 넘어 모든 세대에게 전도를 잘 하려면 해야 하는 일은 간단합니다. 예수님을 잘 믿으면 됩니다. 예수님이라는 보화를 잘 누리면 됩니다. 내가 예수님을 모신 성전이라면 나를 만나는 모든 사람이 예수님을 보게 될 것입니다. 내가 항상 예수님과 대화를 나누고 있다면 나와 대화하는 모두가 그 대화에 참여하게 될 것입니다. 저는 우리 모두가 그런 성도가, 그런 교회가 되기를 꿈꿉니다.